D1870157

PORSCHE
STUTTGART

Rainer W. Schlegelmilch
Hartmut Lehbrink

PORSCHE

Inhalt

Walter Röhrl: Vorwort 6

Porträt einer Premiummarke 8

Offensiv an allen Fronten. 18

1955 ········ 356 A ········ 66

1959 ········ 356 B ········ 86

1963 ········ 356 C ········ 100

1969 ········ 914 ········ 130

1972 ········ 911 Carrera RS 2.7 ········ 138

1973 ········ 911 2.7 ········ 142

1977 ········ 928 ········ 180

1981 ········ 944 ········ 188

1983 ········ 911 Carrera 3.2 ········ 194

1993 ········ 911 (993) ········ 254

1996 ········ 911 GT1 ········ 270

1996 ········ Boxster ········ 278

2003 ········ Carrera GT ········ 340

2004 ········ 911 (997) ········ 354

Vom Träumen und Tun 56

Der Unzerstörbare 84

Span vom alten Klotz 108

Technische Daten 402

Danksagung 407

1948 ·········· 356 Alu ·········· **30**

1950 ·········· 356 ·········· **36**

1953 ·········· 550 ·········· **60**

1963 ·········· 911 2.0–2.4 ·········· **110**

1963 ·········· 904 Carrera GTS ·········· **120**

1965 ·········· 912 ·········· **126**

1974 ······ 911 Turbo (930) 3.0 & 3.3 ······ **150**

1975 ······ 911 Carrera 3.0 & SC 3.0 ······ **164**

1975 ·········· 924 ·········· **170**

1987 ·········· 959 ·········· **210**

1988 ·········· 911 (964) ·········· **216**

1991 ·········· 968 ·········· **238**

1997 ·········· 911 (996 I) ·········· **284**

2001 ·········· 911 (996 II) ·········· **300**

2002 ·········· Cayenne ·········· **334**

2005 ·········· Cayman ·········· **384**

2009 ·········· Panamera ·········· **394**

50 Jahre Porsche Club of America **160**

Genius auf Rädern **332**

Von der Geburt des Elfers **348**

Bibliographie. **407**

Impressum **408**

Walter Röhrl: **Vorwort**

Die direkte Linie war mir im Motorsport immer die liebste: ohne Firlefanz und ohne Umweg auf dem kürzesten Weg in der kürzesten Zeit dahin, wo es hingehen sollte. Was meine Autos anging, gab es ein paar Eckpunkte, die sie in meinen Augen gut oder schlecht machten: Gewicht, Traktion, Straßenlage, Kraft. Die Stoppuhr sagte Entscheidendes über die Qualität eines Autos aus.

Es erschien mir als ganz junger Mann nur natürlich, vier Jahre lang jeden Groschen zu sparen, um 1970 meinen ersten Porsche zu kaufen. Es war ein gebrauchter 356. Den Motor steuerte mein älterer Bruder bei, der mir auch gesagt hatte: „Kauf dir kein Auto, bevor du das Geld für einen anständigen Wagen zusammen hast. Für einen Porsche."

Meine erste Bekanntschaft mit einem Rallye-911 machte ich im selben Jahr. Dieser Elfer entsprach meiner Vorstellung von einem Sportwagen – siehe oben – ganz genau. Davon abgesehen, war ich begeistert vom Klang des Motors und von der unvergleichlichen Linie der Karosserie.

Es gab erste Treffen mit den Menschen bei Porsche. Mir wurde klar: So, wie ich an meiner Ideallinie schleife, arbeiten die an ihren Autos. Das gefiel mir. Unsere Verbindung blieb seit dieser Zeit immer lebendig. Ich schloss Freundschaften, die mir wichtig waren und sind.

Zur Hochzeit mit Monika 1978 leisteten wir uns einen Turbo, und es gab kein Jahr, in dem nicht ein Porsche in unserer Garage gestanden hätte. Auch wenn ich mit Porsche noch nicht offiziell verbunden war, blieben wir immer im Kontakt. Gerne erinnere ich mich beispielsweise an die Testfahrten mit Professor Bott, der mich vor der Rallye Monte Carlo 1982 anrief und geheimnisvoll andeutete, er hätte da auf der Turrach einen besonderen 911 mit Allradantrieb und als Referenz einen Audi Quattro ... Es ging weiter mit dem 959, von dem ich sogar ein Leichtbauexemplar besitzen durfte.

Da Porsche sich nicht in der Rallye-Weltmeisterschaft engagierte, blieb es auf professionellem Feld bei einzelnen gemeinsamen Auftritten, die allerdings spektakulär ausfielen. Ein Höhepunkt war die San Remo Rallye 1981, als es bis zu unserem Ausfall lange Zeit so aussah, als könnten wir mit einem 911 die auf Schotter übermächtigen Audi Quattro besiegen.

Schließlich war es 1993 soweit: Ich unterschrieb meinen Vertrag als Repräsentant und Entwicklungsfahrer für Porsche. Nach inzwischen 15 Jahren kenne ich das kleinste selbstständige Automobilunternehmen der Welt ziemlich gut, und ich fühle mich dort zu Hause. Das liegt an den Menschen dort, an ihrer Leidenschaft für Vollblutsportwagen und an ihrer Sucht, Arbeit von hoher Qualität zu leisten. Das passt mir.

Es passt mir genau so wie ihre Sportwagen, die auch im Zeitalter gesetzlicher Überregulierung technisch wegweisend,

faszinierend, durch und durch auf Leistung getrimmt sowie ein ästhetischer Genuss sind. Das muss denen erstmal einer nachmachen.

Ich denke, Rainer W. Schlegelmilch empfindet für Porsche ganz ähnlich wie ich. Jedenfalls habe ich ihn selten in anderen Fahrzeugen gesehen. Anders als ich kann er die Porsche nicht nur fahren, er kann ihre Schönheit auch in seinen unverwechselbaren Fotos einfangen.

Ich wünsche Ihnen viel Freude beim Bilderschauen und beim Lesen.

Herzlich, Ihr

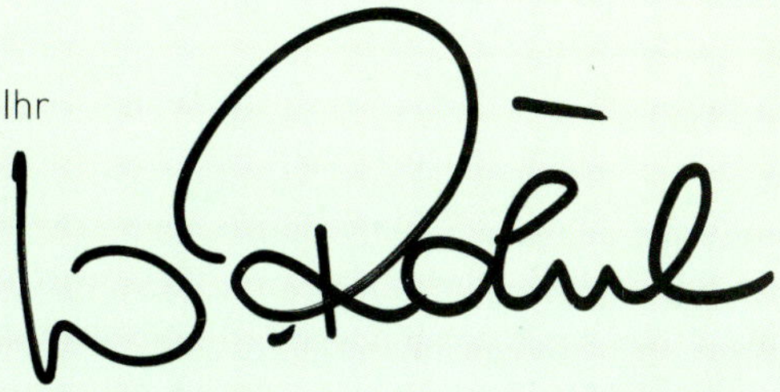

Porträt einer Premiummarke

Porsche – der Begriff ist längst zum Synonym mit dem Produkt geworden, dem Klassesportwagen, unterfüttert vor allem durch die sechs Jahrzehnte währende und wirkende Präsenz der Baureihen 356 und 911 auf den Straßen der Welt. Ursprünglich jedoch stand er für schier unerschöpflich sprudelnde Ideenvielfalt, im Jahr der Krise 1931 in die Organisationsform der „Dr. Ing. h.c. F. Porsche GmbH, Konstruktion und Beratung für Motoren- und Fahrzeugbau" gegossen. 1937 wurde diese zur Kommanditgesellschaft umgewidmet und 1972 in den Status einer Aktiengesellschaft überführt. Standort war stets Stuttgart, abgesehen von einem Intermezzo im Kärntener Gmünd zwischen 1944 und 1950, nachdem anhaltender alliierter Bombenhagel ein Exil in der österreichischen Provinz hatte ratsam erscheinen lassen.

Porsche – das war damals ein Schaukasten voller technischer Delikatessen, in dem sich Mögliches und Machbares zu einem Mosaik von universaler Größe zusammenfanden. Flugmotoren mit 16 und 32 Verbrennungseinheiten, luftgekühlte V10- und sechzehnzylindrige Dieseltriebwerke mit direkter Einspritzung und Turboaufladung sowie der Entwurf einer Gasturbine zum Antrieb eines Panzers waren ebenso darin ausgestellt wie die am 10. August 1931 zum Patent angemeldete Drehstabfederung, eine Schwingachse für den englischen Rennstall ERA, eine Windkraftanlage oder die Wasserturbinen, Seilwinden, Skilifte sowie diverse Schleppertypen, mit denen sich das „Porsche-Konstruktionenbüro" in seine Gmünder Interims-Heimat einschmiegte.

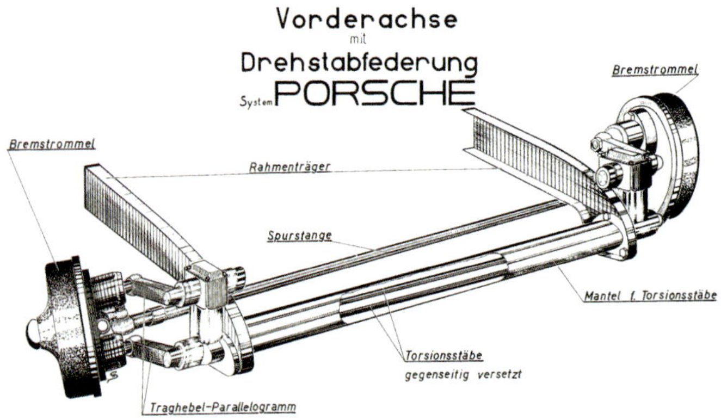

Bereits in ihrem ersten Arbeitsjahr 1931 glänzt die Porsche GmbH mit der Pioniertat Drehstabfederung.

Am 22. Juni 1934 war man vom „Reichsverband der deutschen Automobilindustrie" (RDA) mit Konstruktion und Bau des deutschen Volkswagens betraut worden.

Überhaupt waren den Verwesern des Reichs natürlich die Ressourcen nicht entgangen, die sich unter dem guten Namen Porsche anzapfen ließen. Komplette Kampfpanzer wie „Maus" und „Tiger" zeugten davon, aber auch die zahlreichen kriegsverwendungsfähigen Derivate des KdF (Kraft durch Freude) -Mobils VW.

Immer aber war da der Rennsport, für den genialen Technikgelehrten Ferdinand Porsche seit jeher Herzensanliegen und Spielwiese innovativen Gedankenguts. Sein Charisma überstrahlte selbst eingefahrene und sorgsam gehegte Rivalitäten: Am 17. März 1933 einigte man sich mit der Auto Union über den Bau eines Mittelmotor-Rennwagens für die künftige 750-kg-Formel, vier Jahre später gab die Daimler-Benz AG den Rekordwagen T 80 in Auftrag, mit dem man den Geschwindigkeitsrekord zu Lande zu brechen gedachte. Und auch der

Im Winter 1935 wird der erste fahrfertige Prototyp des Volkswagens (Code V1) extensiven Tests unterzogen. 1938 ist das Modell schon zum richtigen Käfer gereift.

Doppelkompressor für den Grand-Prix-Monoposto W154 anno 1938 stammte vom Reißbrett des Professors.

Im September jenes Jahres nahm man überdies den Typ 64 in Angriff, Porsches eigene Züchtung für das Langstreckenrennen Berlin–Rom, das zu einem Termin zwölf Monate später angesetzt war, mit einem modifizierten VW-Boxer-Aggregat und einem Aufbau von windschlüpfiger Glätte. Drei Coupés harrten im Frühjahr 1939 auf ihren Einsatz. Aber dann setzte die Geschichte andere Prioritäten. Gleichwohl war der Porsche-Sportwagen geboren. Gene des 64 fanden sich sichtbar im Miniatur-Modell für das Opus 352, einen Viersitzer, den man 1946 in Gmünd für den Schweizer Rupprecht von Senger konstruierte, und vor allem am Ur-356, am 8. Juni 1948 einsatzbereit und Stammvater einer ganzen Dynastie.

Porsche-Auftragswerk T80 von 1937 für Mercedes und der „Berlin–Rom-Wagen" Typ 64 von 1939. Beide wurden nie ihrer eigentlichen Bestimmung zugeführt.

Aus gegebenem Anlass steuerte Porsche ein ganzes Spektrum von Kriegsgerät zur Ausrüstung der Wehrmacht bei. Dazu zählte der Typ 82 „Kübelwagen", der anstelle des Volkswagens in großen Stückzahlen im VW-Werk hergestellt und zum genügsamen und unverwüstlichen Standard-Geländefahrzeug der deutschen Truppen im Zweiten Weltkrieg wurde. Beim Schwimmwagen Typ 166, hier bei der Abnahme im Mai 1942, handelte es sich um einen nahen Verwandten. Der schwere Panzer Typ 101 („Tiger") kam über das Versuchsstadium nicht hinaus.

Dann aber verschaffte sich die Vision vom „Fahren in seiner schönsten Form" zügig Raum. 1951 stellten über 200 engagierte Mitarbeiter 1364 Exemplare des Typs 356 auf die Räder. 1954 waren mit der Produktion von 1853 Fahrzeugen 500 Porsche-Bedienstete betraut. 1964 – das benachbarte Karosseriewerk Reutter, seit 1949 in die Fertigung eingebunden, war am 1. März mit 1000 Werksangehörigen umgeflaggt worden zum „Karosseriewerk Porsche GmbH" – nahmen bei einem Umsatz von 156 Millionen Mark unter den Händen von 2415 Porsche-Schaffenden 10 368 Einheiten Gestalt an. Auf Numero 10 000, ein Coupé der Modellreihe 356 A, hatte man, fein abgestimmt auf das 25-jährige Firmenjubiläum, am 16. März 1956 angestoßen. Im Geschäftsjahr 1960 kümmerten sich weltweit 653 autorisierte Werkstätten um Wartung und Pflege der schönen Schnellen aus Zuffenhausen. Nummer 50 000 rollte am 3. April 1962 vom Band. Am 21. Dezember 1966 verleibte die Landespolizei Baden-Württemberg ihrem Fuhrpark den 100 000. Porsche ein, einen speziell für den Autobahndienst aufbereiteten 912 Targa.

Produktion des 356/2 Coupés 1948 in Gmünd, hinten links: Erwin Komenda, rechts: Betriebsleiter Otto Husslein. Im gleichen Jahr wurde der Porsche Typ 360 („Cisitalia") hergestellt. In der Mitte Piero Dusio.

Zusammen mit dem 25. Jubiläum der Firma feiert man am 16. März 1956 Exemplar 10 000 des Erfolgstyps 356, ein Coupé. Die Coupés, Cabriolets und Speedster 356 A erzielen in jenem Jahr einen Verkaufsrekord.

Zugleich boomte der Export, vor allem in die als Markt ungemein wichtigen USA. 1950 hatte der Schweizer Journalist Max Troesch ein zukunftsträchtiges Treffen von Ferdinand Porsche mit dem rührig-umtriebigen amerikanischen Importeur Maxie Hoffman eingefädelt, der den 356 prompt in New York vorstellte und auch den Vertrieb übernahm. 1955 baute man ein unabhängiges Händlernetz auf in Gestalt der „Porsche of America Corporation“ (POAC), die 1959 zu 100 Prozent für Verkauf, Service und Marketing zuständig wurde. Wie bereits in den Gründerjahren setzte man überdies auf Diversifikation und Auftragsentwicklungen. Zu letzteren zählte der „Jagdwagen“ Typ 597, ein schwimmfähiges Allradfahrzeug, im Rahmen

Der amerikanische Importeur Maximilian E. Hoffman 1951 am Lenkrad eines Glöckler-Porsche. Hoffman stößt unter anderem die Konzeption des Speedsters an.

Links: Der Porsche-Schlepper „Standard“, 1970 aufgenommen vor dem familieneigenen „Schüttgut“ in Zell am See. Rechts: Starjournalist und Rennfahrer Richard von Frankenberg, genannt der „Schreckensteiner“.

einer Ausschreibung der Bundeswehr auf die Räder gestellt. Es blieb bei 71 Vorserienwagen, nachdem DKW aus vielerlei Gründen den Zuschlag erhalten hatte. Erstere umspannte die „Porsche-Diesel-Motorenbau GmbH Friedrichshafen a.B.“, die zwischen 1956 und 1963 immerhin 120 000 Schlepper unter das Landvolk brachte, aber auch beispielsweise den Bootsmotor 729 von 1958 oder das eher minder erfolgreiche Flugmaschinen-Programm von 1959.

Kultstatus fiel alsbald dem flott aufgemachten Magazin *Christophorus* zu, in dem sich seit 1952 der überaus unerschrockene Rennfahrer und wortgewaltige Journalist Richard von Frankenberg als Chefredakteur und Exeget der Porsche-Philosophie äußerte und unermüdlich von den Freuden des „Tipperns“ (stoßweisen Umgangs mit dem Gaspedal) und „Sägens“ (mit dem Lenkrad) kündete und auch vom Zusammenhalt der großen Porsche-Familie, die sich bei Begegnungen im Straßenverkehr verschwörerisch anblinkte. Zu berichten gab es genug, von Metamorphosen und neuen Modellen, schier unzähligen Rennerfolgen sowie dem Wesen und Wirken der Markenclubs nach dem Vorbild des im Mai 1952 gegründeten Porsche Clubs Hohensyburg. Oder auch von Sozialleistungen zum Vorzeigen, wie der betrieblichen Altersversorgung in Form eines monatlichen Ruhegelds ab 1956, der Lohnfortzahlung im Krankheitsfall und dem vollen Monatsgehalt als Weihnachtsgratifikation, Errungenschaften des Jahres 1960. Den Stolz der Stuttgarter auf ihr attraktives Erzeugnis belegte ab 1954 das heraldisch hübsche Porsche-Wappen auf der Fronthaube jedes Wagens, ein Amalgam aus dem seit 1951 eingebürgerten Firmen-Schriftzug, dem tänzelnden Stuttgarter Hengst und dem

Zentralorgan der großen verschworenen Porsche-Gemeinde ist seit 1952 der *Christophorus*.

Cabrio für Kämpfer

Für die Bundeswehr gedacht war der „Jagdwagen" Typ 597, bei dessen Konzeption man in Zuffenhausen auf Erfahrungen mit dem VW „Kübel"- und Schwimmwagen zurückgreifen konnte. Schon Ende 1954 stellte man das fertige Produkt vor, mit dem 1,6-Liter-Vierzylinder aus dem 356, abschaltbarem Allradantrieb und schwimmfähig ohne eigenen Antrieb. Leistungen und Rezeption waren glänzend, den Zuschlag erhielt jemand anders.

Der erste fahrbare Vorläufer des 911 ist der Viersitzer 754 T7. Die formalen Anklänge sind unverkennbar. Im November 1960 rollt er zur Premiere auf die Straße.

württembergischen Landeswappen. Bei seinem Design hatte auch Ferry Porsche die Hand im Spiel gehabt.

Am 16. Oktober 1961 führte dieser auf einem 25 Kilometer von Zuffenhausen entfernten Baugrundstück der Gemeinde Weissach den ersten Spatenstich zum künftigen Porsche-Entwicklungszentrum aus, vom Sommer 1971 an eine erste Adresse für Aufträge aus aller Welt. Am 20. September 1974 waren die Arbeiten am zweiten Bauabschnitt abgeschlossen, und Laboratorien, Prüfstände und Werkstätten wurden eingeweiht. Wieder bediente man neben dem Eigenbedarf des noblen Hauses ein buntes Spektrum von Wünschen. So wurde die Weissacher „Denkfabrik" unter anderem Wiege eines kompletten Kleinwagens der sowjetischen Staatsmarke Lada, der Fahrzeugstudie FLA (Forschungsprojekt Langzeit-Auto), die auf der Frankfurter IAA 1973 viel Staub aufwirbelte, des innovativen Rettungsautos SAVE (Schnelle Ambulante Vorklinische Erstversorgung) von 1975, des Porsche-Doppelkupplungsgetriebes PDK zum Schalten ohne Zugkraftunterbrechung anno 1981 und einer neuen Generation von Linde-Gabelstaplern im nämlichen Jahr.

Vorsitzer des Aufsichtsrats wurde nach der 1973 faktisch durchgeführten Umwandlung von der KG zur AG Ferry Porsche, Sprecher des Vorstands Ernst Fuhrmann, der ihm am 6. November 1976 im Amt nachfolgte. In dessen Ägide fielen die beiden frohen Botschaften des Jahres 1977: Der

Luftbild des Porsche-Werks 8 in Weissach, aufgenommen im Juli 1975. Die Arbeiten des zweiten Bauabschnitts waren am 20. September 1974 beendet worden. Das Design dieses Linde-Gabelstaplers stammt aus dem Porsche-Entwicklungszentrum Weissach.

250 000. Porsche erhielt am 3. Juni den letzten Schliff, das Geschäftsjahr 1976/77 konnte mit einem Umsatz von einer Milliarde Mark abgeschlossen werden. Gleichwohl wurde Fuhrmann nach knapp über vier Jahren Verweildauer von dem Deutsch-Amerikaner Peter W. Schutz abgelöst. Im April 1969 war die „VW-Porsche-Vertriebsgesellschaft mbH" zur Vermarktung des Joint Ventures Typ 914 gegründet, am 31. Juli 1974 die verbleibende Hälfte dieses Tochterunternehmens der Porsche AG einverleibt worden. In Bewegung blieben auch die Dinge in den Vereinigten Staaten. Dort übernahm die „Porsche-Audi Division of Volkswagen of America Inc." die Aktivitäten der gegen Jahresende 1969 aufgelösten „Porsche of America Corporation". Nachdem am 31. August 1984 der Vertrag mit dieser ausgelaufen war, besorgte ab dem 1. September die „Porsche Cars North America, Inc." den Import ins Land der unbegrenzten Möglichkeiten.

Fast drei Dekaden nach der Herstellung des ersten Porsche-Sportwagens feiert man 1977 die Nummer 250 000. Die Ansprache hält Ferry Porsche.

1978 begann man die Strahlkraft des Hochwertworts Porsche auch im Sport-Sponsoring einzusetzen: Beim ersten Porsche Tennis Grand Prix der Damen im Oktober jenes Jahres holte sich die 15-jährige Amerikanerin Tracy Austin Spiel, Satz, Sieg und 35 000 Dollar Preisgeld. Während das Filderstädter Turnier zur allseits geschätzten Konstante gedieh, beschleunigte sich in der Firma selbst das Tempo von Revirement und Rochade. Ihre Geschicke lagen ab 1988 in den Händen von Schutz-Nachfolger Heinz Branitzki, den am 10. März 1990 Arno Bohn beerbte. Am 1. August 1993 ernannte der Aufsichtsrat Wendelin Wiedeking zum Vorsitzenden des Vorstands und läutete damit eine Phase von Kontinuität und Aufschwung ein. Nach Styling-Fragen schaute seit dem 1. April 1989 der Holländer Harm Lagaay, der sich im Team seines Vorgängers Anatole Lapine, Designchef seit 1969, die Sporen verdient hatte. Zugleich mehrten sich die Porsche-Töchter, nicht wenige von ihnen im Global Village ansässig. Da war ab 1986 die „Porsche Aviation Products, Inc." in Washington/Illinois zum Vertrieb des Flugmotors der Marke, während die „Porsche Leasing GmbH" sich seit April 1989 fürsorglich um Gebraucht- und Neuwagenkunden kümmerte. Der seit 1991 in Dublin/Irland beheimateten „Porsche Financial Management

Services Ltd." folgte im gleichen Jahr die „K.K. Porsche Engineering Japan". Von August 1994 an stellte die „Porsche Consulting GmbH" die Erfahrungen bei der Umstrukturierung des eigenen auch fremden Unternehmen zur Verfügung, und auf der IAA im Herbst 1995 bot der „Porsche Travel Club" erstmalig eine Fülle von Erlebnisreisen in alle Welt feil. Ab 1996 arbeitete die „Porsche Engineering Services GmbH" in Bietigheim mit einem Braintrust von 120 Ingenieuren der Weissacher Denkfabrik zu.

In den Farben des Rennsport-Sponsors Rothmans lackierte Mooney M20 mit Porsche-Motor PFM 3200.

Im Zentrum jedoch stand stets das Automobil – manchmal auch das fremde. Um einen Auftrag des Nachbarn Mercedes-Benz handelte es sich bei Entwicklung und Montage der flinken Reiselimousine 500 E im Jahre 1990, ab Oktober 1993 flankiert von der Herstellung der nicht weniger hurtigen Koproduktion Audi Avant RS2. Ebenfalls in die Hände von Porsche gelegt wurde die Entwicklung des kompakten Opel-Vans Zafira nach einem vorgegebenen Konzept, präsentiert auf dem Pariser Salon 1998. Wertigkeit und Lebenserwartung des eigenen Produkts erhöhte man durch eine stetig erweiterte Langzeitgarantie gegen Rostschäden, 1975 von sechs, 1980 von sieben und 1985 von zehn Jahren. 1991 stattete Porsche als erster Hersteller sämtliche Fahrzeuge mit Airbags für Fahrer und Beifahrer aus und führte umweltfreundliche Lacke auf Wasserbasis ein.

Zuständig für gute Formen: Porsche-Stylisten Anatole Lapine und Harm Lagaay.

Als am 15. Juli 1996 der millionste Porsche vom Band lief und sinnigerweise wie Exemplar 100 000 vor 30 Jahren an Baden-Württembergs Autobahnpolizei überstellt wurde, waren An-, Um- und Neubau längst zum Normalzustand geworden. Seit dem Juni 1986 verfügte das Entwicklungszentrum Weissach über einen Windkanal auf dem letzten Stand der Dinge und wurde ein Jahr später mit einer modernen Crash-Anlage ausgestattet. Am 25. August 1988 versammelte man sich, um ein neues Karosseriewerk in Zuffenhausen zu eröffnen, Kapazität: 120 Aufbauten am Tag.

1996 erkoren die Wochenzeitschrift *Produktion* und die Unternehmensberatung A.T. Kearney Porsche zur „Fabrik des Jahres". Als der Aufsichtsrat in seiner Sitzung vom 15. November gleichen Jahres feststellte, das Konzernergebnis vor Steuern sei auf einen Rekordwert (2,110 gegenüber den 1,238 Milliarden Euro für 2004/2005) geklettert, geschah dies bereits zum zwölften Male hintereinander. Für weitere fünf Jahre im Amt bestätigt wurde Star-Manager Wendelin Wiedeking, der unter anderen erfreulichen Aktivitäten am 7. Februar 2000 den ersten Spatenstich zum Porsche-Werk Leipzig getan und 2004 einen Jahresabsatz von mehr als 75 000 Fahrzeugen vorhergesagt hatte – eine weitere Premiere.

Eher im Verborgenen blühte vergleichsweise das Joint Venture mit der Harley-Davidson Motor Company, mit der eine gemeinsame Fertigung von Motoren in Milwaukee, USA, vereinbart worden war. Dies geschah im Sommer 1997. Neue Ufer hatte man etwa mit der Gründung der „Porsche Middle East" 1999 oder des „Porsche Center Beijing" anno 2001 als zweitem Standbein auf dem Zukunftsmarkt China neben der Niederlassung in Hongkong im Visier. Im August 2005 griffen Vorstand und Aufsichtsrat einen bereits in den Sechzigern gehegten Gedanken wieder auf und avisierten für 2009 das viersitzige Porsche-Coupé Panamera, für alle diejenigen Jünger der Marke, die den Status trauter Zweisamkeit aufgegeben hatten oder dies zu tun gedachten. Orchestriert von immer neuen Rekorderträgen wurden am 26. Juni 2007 das operative Geschäft der Porsche AG in eine 100-prozentige Tochtergesellschaft ausgegliedert und die Verabschiedung eines Beherrschungs- und Gewinnabführungsvertrags zwischen dieser und der künftigen „Porsche Automobil Holding SE" beschlossen. Am 31. Januar 2009 öffnete das neue Museum seine Pforten, von kühner Baulichkeit, dekorativ angefüllt mit glorioser Vergangenheit. Die Zukunft, das waren der Elfer und die Novität Panamera, dazwischen das Erfolgstrio Boxster, Cayenne und Cayman in der Reihenfolge ihres ersten Auftretens. Porsche schien gut aufgestellt für den weiteren Verlauf des dritten Jahrtausends. Doch schon brodelte düsteres Wirtschaftsgewölk, und es entlud sich auch über Stuttgart-Zuffenhausen mit elementarer Wucht. Am 23. Juli trat Wendelin Wiedeking von seinen Posten zurück. Seine Nachfolge trat der bisherige Produktionschef Michael Macht an. Man hatte sich mit der Übernahme von knapp 51 Prozent bei VW überhoben und 10,75 Milliarden Euro Schulden angehäuft. Das Wolfsburger Imperium hatte zurückgeschlagen. Porsche, bislang stolzer Solist, würde im Laufe des Jahres 2011 von der VW-Hydra als zehnte Marke geschluckt werden.

Aus dem Joint Venture von Porsche und Harley-Davidson erwächst der Motor der V-Rod mit 115 PS.

Seit 1988 nehmen die Karosserien im modernen Zuffenhausener Werk 5 Gestalt an.

Offensiv an allen Fronten

Porsche und Sport – nie blieb es da bei bloßer dekorativer Assonanz. Bereits die Modellreihe 356 trug ihre manifeste Sportlichkeit nicht nur zur Schau, sondern setzte sie gewissermaßen entschlossen in die Tat um. Allein für 1954 vermeldete die Firmenchronik 206 Rallye- und 214 Rennsiege, zwei Jahre später wurde Rennerfolg Nummer 400 verbucht. Viele davon gingen auf das Konto des gut betuchten Privatfahrers. Schier unwiderstehlich wirkten die Zuffenhausener Nobel-Produkte auf die europäische Nobilität, die sich in den Fünfzigern zu einer späten motorisierten Ritterlichkeit aufschwang. Manche Starterlisten lasen sich wie ein Auszug aus dem Gotha-Adelsregister: Paul Fürst Metternich, Wittigo Graf Einsiedel, Konstantin Graf Berckheim, Wolfgang Graf Berghe von Trips, Baron Huschke von Hanstein, Egon Graf Westerholt oder *Christophorus*-Chefredakteur Richard von Frankenberg, Kriegername: der „Schreckensteiner", seien willkürlich herausgegriffen.

Ein Glöckler-Spyder mit 1,5 Litern bei einem Rennen im Dezember 1951 in Palm Beach. Es gab sieben Exemplare.

Forum und Feld der Bewährung wurden vor allem die vier Klassiker Le Mans, Targa Florio, Mille Miglia und das 1000-km-Rennen auf dem Nürburgring. Was das Sarthe-Marathon anbelangt, war Porsche in der gefälligen und auch durchaus goutierten Rolle des Underdogs förmlich auf Klassensiege abonniert, nachdem der französische Importeur und Generalvertreter Auguste Veuillet zusammen mit seinem Landsmann Edmond Mouche 1951 durch den ersten Rang in der Kategorie bis 1100 cm³ mit einem Leichtmetall-Coupé zum erstenmal nachhaltig auf die aufstrebende Marke aufmerksam gemacht und seinen Sieg ein Jahr später wie zur Bekräftigung wiederholt hatte. 1970, als der David zum Goliath in Gestalt des Furcht und Respekt einflößenden Typs 917 mutiert war, schlug man mit dem Gesamterfolg von Hans Herrmann und Dickie Attwood neue Töne an. Sie sollten in den folgenden drei Jahrzehnten mächtig widerhallen.

Ganz anders lagen die Dinge im Kurvenlabyrinth der sizilianischen Madonie, wo sich die behänden Kompakten aus dem Schwabenland häufiger als irgendeine andere Marke auf Rang eins wiederfanden, zum erstenmal 1956 durch Umberto Maglioli mit dem 550A Spyder und dann 1959, 1960, 1963, 1964, 1966, 1967, 1968, 1969, 1970 und 1973. An den Start der 20. Mille Miglia im April 1953 ging eine Armada von 18 Porsche-Sportwagen aus sechs Ländern und traf auch wieder vollzählig am Ziel in Brescia ein, nicht ohne erste Plätze bei

Dieses Aluminium-Coupé mit einem 1,1-Liter-Triebwerk wurde Klassensieger bei den 24 Stunden von Le Mans am 23. und 24. Juni 1951. In der Gesamtwertung kam es auf Rang 20. Fahrer waren Auguste Veuillet und Edmond Mouche.

den Dreizehnhundertern (Hans Leo von Hoesch/Werner Engel) und, wie schon im Jahr zuvor durch die beiden schnellen Grafen Berckheim und Giovanni Lurani, bei den Fünfzehnhundertern (Hans Herrmann/Erwin Bauer) eingesammelt zu haben. Die Kategorie bis 1100 cm³ hatte sich 1952 die Aristokraten-Riege Metternich/Einsiedel geholt, einander bis zu einem letzten gemeinsamen Einsatz in einem Mini Cooper bei der Targa Florio 1967 in Treue fest verbunden. In diesem Sinne ging es bis zur letzten Mille Miglia 1957 weiter. In jenem Jahr sorgte Umberto Maglioli in einem 550 RS als Fünfter für die beste Platzierung eines Porsche-Piloten im Gesamtklassement der rasenden Italien-Durchquerung. Drei Jahre zuvor hatte Hans Herrmann eines jener Schmankerl zu ihrer Historie beigesteuert, die nur Straßenrennen vom Schlage der 1000 Meilen von Brescia bereithalten: Bei der Annäherung an eine geschlossene Bahnschranke versenkte er Copilot Herbert Linge mit einem Faustschlag auf den Helm im Cockpit des 550 Spyders und unterquerte zügig das Hindernis. Mit einem dritten Platz gesamt bei der Carrera Panamericana im November jenes Jahres brachte der unermüdliche Stuttgarter einen exotischen Farbklecks in die frühe Bilanz ein.

Daheim, bei den 1000-Kilometer-Rennen des ADAC, bildeten die Porsche stets einen erheblichen Teil des Inventars und machten Klassensiege in aller Regel untereinander aus, ähnlich wie die deutschen Meisterschaften bei den Grand-Tourisme-Fahrzeugen und den Sportwagen. Begünstigt durch Aus- und Unfälle, führte Gastpilot Phil Hill am

19. Mai 1963 den deutschen Lauf zur Markenweltmeisterschaft zum erstenmal für ein paar Runden mit dem Zweiliter-Achtzylinder 718 GTR an. Was lange in der Luft gelegen hatte, verdichtete sich 1967 zu einem Vierfach-Triumph des Typs 910 (angeführt von Udo Schütz und Joe Buzzetta) bei dem populären Eifel-Event. Der Bann war gebrochen, gewissermaßen mit schwäbischer Gründlichkeit: Ein Jahr später schloss man mit einem Doppelerfolg (ein Typ 908 unter Jo Siffert und Vic Elford vor einem 907) ab wie auch 1970, als sich zwei Exemplare des handlichen und federleichten 908/3 gegen die Ferrari 512 S behaupteten, allen voran das Gespann Vic Elford und Kurt Ahrens. 1969 lagen am Ende fünf 908/2 vorn, angeführt von Jo Siffert und Brian Redman im Wagen des John-Wyer-Teams. Einen Doppelsieg für die Marke hatte es bereits 1960 bei den 12 Stunden von Sebring gegeben, die der Belgier Olivier Gendebien und Hans Herrmann in einem RS 60 gewannen. Ab 1968 begann sich dergleichen zu häufen, gipfelnd im Markenchampionat des folgenden Jahres. Im Frühjahr 1969 stellte Porsche auf dem Genfer Automobilsalon den 917 vor. Das große Coupé verkörperte auch einen Anspruch. Der Part des Statisten, der ab und an mal für eine Hauptrolle taugt, war endgültig ausgespielt.

Berühmte Episode: Bei der Mille Miglia 1954 unterqueren Herrmann/Linge mit ihrem Spyder eine Bahnschranke. Rechts: Dynamischer Einstieg, hier von Stirling Moss beim 1000-Kilometer-Rennen von Buenos Aires 1958.

Links: der Porsche-Vierzylinder des Schweden Joakim Bonnier beim Grand Prix der Solitude 1961.

Schlanke Linie: Dem Achtzylinder Typ 804 war nur ein Grand-Prix-Sieg beschieden, 1962 in Rouen.

Schon früh hatte man bei Rallyes und verwandten Veranstaltungen kraftvolle Akzente gesetzt. Die Wertung bis 1100 cm³ bei der Fernfahrt Lüttich–Rom–Lüttich im August 1951 gewannen Paul von Guilleaume/Graf Eckard von der Mühle. Ein Jahr später fanden sich unter den ersten Zehn beim gleichen Ereignis fünf Porsche 356. Der zweite Rang der Riege Eugen Böhringer/Rolf Wütherich bei der Rallye Monte Carlo 1965 in einem für solche Gelegenheiten im Grunde genommen herzlich ungeeigneten 904 GTS, den der listige Schwabe Böhringer irgendwie an der gestrengen Porsche-Führung vorbeigeschmuggelt hatte, wirkte wie ein Zeitzünder für einen Hattrick der Marke zwischen 1968 und 1970, immer durch den Elfer, 1968 mit dem Mulitalent Vic Elford am Volant, in Begleitung von David Stone, die beiden nächsten Male durch die Mannschaft Björn Waldegaard/Lars Helmer. 1970 ging auch der Markentitel im Rallyesport nach Zuffenhausen.

Ausgeprägt war seit den Anfängen der Europa-Bergmeisterschaft 1958 der Hang der Stuttgarter zum Hang. Die ersten neun Jahrgänge wurden allesamt zur Beute von Porsche-Piloten, wobei Edgar Barth (1959, 1963 und 1964) und Gerhard Mitter (1966–1968) durch Dreifach-Championate glänzten. Eher verhalten hingegen verliefen ihre Ausflüge in den Formelsport. Da das Reglement für die Formel 2 dergleichen zuließ, stützte man sich anfänglich noch auf Bewährtes. Sieger dieser Wertung wurde im Rahmen des Großen Preises von Deutschland am 4. August 1957 auf dem Nürburgring Edgar Barth mit dem 550 A Spyder, und ein Jahr später schlug der Franzose Jean Behra in Reims die Elite dieser Kategorie in einem 718 RSK mit zentral eingebauter Lenkung. Der Erfolg stieß den Bau des rundlichen Monoposto 718/2 an, mit dem man 1960 den Coupe des Constructeurs errang. Daraufhin gab Geschäftsführer Ferry Porsche grünes Licht für den Einstieg in die auf

Leicht abgehoben: ein 908/2 von Porsche Salzburg mit Dickie Attwood am Lenkrad, 1000 km Nürburgring 1969.

Die mächtigen 917 und flinken 908/3 des John-Wyer-Teams beherrschten die Sportwagenweltmeisterschaft 1970 und 1971. Wyer (sitzend Mitte) lenkte sein Aufgebot professionell und mit eiserner Hand und war bekannt für seine penible Buchführung.

anderthalb Liter zurechtgestutzte Formel 1 – ab 1961 gleichsam die Fortsetzung der vormaligen Formel 2 mit anderen Mitteln. Medium war zunächst der kaum modifizierte pummelige Einsitzer. Zu Siegen reichte es nicht in einem Jahr erdrückender Ferrari-Hegemonie, nur zu Achtungserfolgen wie den zweiten Rängen für Dan Gurney in Reims, Monza und Watkins Glen. Den Vorstellungen von einem „richtigen" Grand-Prix-Wagen schon viel näher kam der schlanke und glatte Achtzylinder Typ 804 anno 1962. Porsche musste sich indessen – abgesehen von einem Erfolg auf der Solitüde vor der eigenen Haustür – mit dem ersten Platz für Gurney in Rouen am 8. Juli des Jahres bescheiden und dies auch nur, weil die eigentlichen Protagonisten jener Saison auf der Strecke geblieben waren.

Die strahlende Karriere des 917 aber, bis Ende April 1969 zwecks Homologation in einer Population von 25 Exemplaren aufgelegt, begann nach drei Nullnummern mit einem Sieg von Jo Siffert und Kurt Ahrens beim 1000-Kilometer-Rennen auf dem Österreichring am 10. August desselben Jahres. Er blieb der dominierende Sportwagen seiner Epoche, bis 1972 eine FIA-Götterdämmerung die Dinosaurier dahinraffte. War am Markenchampionat für Porsche 1970 noch der 908/3 maßgeblich beteiligt, machten ein Jahr später die wütend singenden 917-Coupés die Sache praktisch untereinander aus, vor dem düsteren Hintergrund, dass die beiden Star-Fahrer des John-Wyer-Teams Jo Siffert und Pedro Rodriguez auf anderen Kriegsschauplätzen ums Leben kamen. In Le Mans stellten die Sieger Gijs van Lennep und Helmut Marko mit einem Durchschnitt von 222 km/h einen bis heute gültigen Rekord auf, und eine Langheck-Ausführung eilte die Mulsanne-Gerade mit Tempo 387 hinunter.

Während als Antwort auf solche Werte der Fuhrpark der Markenweltmeisterschaft in Analogie zur zeitgenössischen Formel 1 von der bestürzten Rennsport-Legislative FIA auf drei Liter Hubraum umgestellt wurde, beklagte man beim Canadian American Challenge Cup (CanAm) den Einmarsch der deutschen „panzers". In der Tat machten megapotente Spyder-Derivate des 917 mit Turbo-Aufladung wenig Federlesens mit ihrer Konkurrenz, 1972 der 917/10 mit 1000 PS und George Follmer am Lenkrad, 1973 der 1100 PS starke 917/30, von Mark Donohue gefahren – beide im Sold des privaten Penske-Rennstalls. Um die Überlegenheit der schnurrenden Kraftprotze aus Übersee, die sich in beiden Jahren auch den Sieg bei der europäischen Interserie

Rasch um die Ecke gebracht: Jo Siffert mit dem federleichten 908/3 des Wyer-Teams bei der Targa Florio 1970.

Edles Spielzeug

Dieser 917 wurde 1975 in Weissach für den italienischen Grafen und Porsche-Sponsor (Martini) Gregorio Rossi di Montelera zwecks Gebrauchs auf öffentlichen Straßen vorbereitet und auch persönlich abgeholt. Um die harschen europäischen Gesetze zu umschiffen, verpasste man dem Exoten eine Zulassung des US-Staats Alabama, mit der Auflage, sich da auch mal blicken zu lassen. Der Edelmann verschwand aber erst einmal in Richtung Paris.

Offensiv an allen Fronten

Rasende Romantik: Beim 24-Stunden-Rennen von Le Mans 1971 eilt ein 917 im Morgenlicht Richtung Tertre Rouge.

sicherten, in den Griff zu bekommen, änderte man schließlich sogar hastig das CanAm-Reglement.

Unterdessen begannen Metamorphosen des Basis-Produkts Elfer zu beweisen, welches Potential in ihm schlummerte.

CanAm-Lauf 1972 in Watkins Glen: Roger Penske (helles Hemd) steht vor dem von ihm eingesetzten 917/10.

Die letzte Targa Florio gewann 1973 ein 911 Carrera RSR, Piloten: Herbert Müller und Gijs van Lennep. Und bis auf Rang zwei arbeitete sich bei den 24 Stunden von Le Mans ein Jahr später der RSR Turbo 2.1 vor. Die Erfahrungen des Rennbetriebs wurden in bester Tradition in den Serien-Turbo Typ 930 eingespeist, aus dem wiederum der 590 PS leistende 935 von 1976 hervorging, Porsches in radikalem Leichtbau gehaltene Reaktion auf das neue Regelwerk für die Gruppe 5. Er wurde prompt Weltmeister bei den Marken wie auch in den folgenden Jahren bis 1980, als ihm bereits andere Fabrikate sowie Rivalen aus dem eigenen Hause zusetzten. Für die kleine Division der Deutschen Rennsportmeisterschaft 1977 wurde der Typ 935/2.0 „Baby" mit noch immer 370 PS geschaffen, während der 935/78 „Moby Dick" im folgenden Jahr mit zwei Turboladern und 845 PS als stärkster Elfer aller Zeiten in die Haus-Historie einging.

Porsche-Garage in Le Mans 1973. Der Carrera RSR mit der Nummer 46 (Müller, van Lennep, Haldi) wird Vierter gesamt.

Le Mans 1976: Der 935 von Schurti, Stommelen, Ickx und van Lennep beim Boxenstopp. Er wird Vierter.

Parallel zum Markenchampionat ausgeschrieben wurde für 1976 und 1977 eine Weltmeisterschaft für Sportwagen. In Rekordzeit zauberte man den Typ 936 aus dem Hut, welcher der Firma einen weiteren Triumph beim 24-Stunden-Rennen von Le Mans, in jenem Jahr nicht Teil des Zyklus und dennoch glänzend besetzt, sowie den Titel bescherte. Gleichwohl ließ man es bei 1976 bewenden, sattelte indessen in Le Mans noch zweimal drauf mit Siegen 1977 und 1981, diesmal mit dem 936/81. Wie bereits einst in den Gründerjahren häuften sich die Erfolge in aller Herren Länder und in allen erdenklichen Kategorien, meist unter Mitwirkung einer ebenso passionierten wie entschlossenen Klientel. 1978 zum Beispiel verbuchte Porsche die Titel bei der europäischen Sportwagen- und Bergmeisterschaft sowie der IMSA- und der Interserie. 1980 errang man mit den Typen 935 und 911 SC, neben den IMSA- und TransAm-Meisterschaften drei Europachampionate. Nur ein winziger Defekt warf 1974 bei der Safari-Rallye in Kenia, der schwierigsten jener Zeit, den 911 Carrera 2.7 von Björn Waldegaard und Hans Thorszelius auf den zweiten Rang zurück, während das französische Duo Jean-Pierre Nicolas und Vincent Laverne bei der Rallye Monte Carlo 1978 nach Jahren der Dürre mit einem Gesamtsieg aufwartete. Auch die Frontmotor-Modelle mussten sich nach Art des Hauses im Pulverdampf der Piste behaupten und auch sonst allerlei Schikanen erdulden. 1979 bewiesen Rudi Lins und Gerhard Plattner die Verlässlichkeit des 924 Turbo mit einer Fernfahrt über 37 000 Kilometer von New York nach Wien. 1980 sahen alle drei in Le Mans gestarteten 924 Carrera GT die schwarzweiß karierte Flagge. 1981, wieder auf dem Sarthe-Kurs, krönten Walter Röhrl und Jürgen Barth das Debüt eines Prototyps des künftigen 944 mit einem Klassensieg.

1982 schlug die Stunde des Typs 956, auf dem letzten Stand der Dinge mit einem Monocoque und vom modischen Ground

1987 hat der TAG Turbo das Siegen schon ein wenig verlernt: nur noch drei Erfolge, in Brasilien, Belgien und Portugal.

sich verbuchen. Die Wertung für die Piloten holten sich die Porsche-Fahrer Jacky Ickx (1982 und 1983), Stefan Bellof (1984) und Derek Bell (1985 und 1986), im ersten der beiden Jahre ex aequo mit Hans-Joachim Stuck. Schon 1983 hatte man den 956, gleichsam in vorauseilender Würdigung auch künftiger Verdienste, zum „Motorsport-Automobil des Jahres" erkoren. Beim Training zum 1000-Kilometer-Rennen hatte der hoch begabte Gießener Stefan Bellof in einem Werkswagen den Begriff „unheimliche Geschwindigkeit" beim Wort genommen und war als Erster – und Einziger – mit einem Schnitt von über 200 km/h über den Nürburgring gepfeilt.

Effect an den Boden gelutscht, wenn auch zwei Jahre später aus Rücksicht auf die amerikanischen IMSA-Regularien zum 962 (in den Versionen IMSA und C) umgewidmet mit einem von 2650 auf 2770 mm erweiterten Radstand und einem längeren Monocoque bei gleicher Gesamtlänge. Er zeichnete verantwortlich für die sechs Le-Mans-Siege 1982 bis 1987, und zwar auf ungemein nachhaltige Weise: Rang eins bis drei im ersten Jahr, die ersten acht Plätze im zweiten, Position eins bis sieben im dritten – alle auf dem Konto privater Rennställe. 1994 gab es einen Nachschlag durch die Version Dauer 962 Le Mans GT, vom Werk in Zusammenarbeit mit dem smarten Franken Jochen Dauer eingesetzt. Zwischen 1982 und 1986 konnte das Modell überdies den Titel bei der Langstreckenweltmeisterschaft für

In jener Saison kehrte Porsche in die Formel 1 zurück, diesmal als Motorenlieferant für den englischen Rennstall McLaren International. Beim Großen Preis von Holland in Zandvoort am 28. August debütierte im McLaren MP4/1-E von Niki Lauda der „TAG Turbo made by Porsche", ein bis zu 1000 PS starker 1,5-Liter-V6 mit Abgasaufladung, finanziert vom Unternehmen „Techniques d'Avant Garde" des saudiarabischen Geschäftsmanns Mansour Ojjeh und konstruiert unter Leitung von Hans Mezger. Das Joint Venture erwies sich als überaus ergiebig. In den Grand-Prix-Saisons 1984–1986 erwuchsen daraus 25 Siege, die Titel für Lauda (1984) und Alain Prost (1985

Dauer-Lösung

Auf der Frankfurter IAA 1993 machte der Nürnberger Team-Eigner und frühere Formel-2-Rennfahrer Jochen Dauer mit einer zivilen Version des Porsche 962 C Furore, Kostenpunkt: stramme 1 725 000 Mark. Mit einer vollen Straßenzulassung und entsprechenden baulichen und technischen Veränderungen passte sie als GT1 genau ins Profil der 24 Stunden von Le Mans 1994. Das Wagnis gelang, belohnt mit Rang eins und drei.

Hans Mezgers V12 im Heck des Arrows FA12 von 1991 geriet zum Flop, schön, aber zu schwer und zu schwach.

und 1986) sowie Rang eins für McLaren in der Konstruktorenwertung 1984 und 1985. Der Kontrapunkt folgte 1991, als ein Mezger-Spätwerk dem Rennteam Footwork-Arrows zur Verfügung stand, ein 3,5-Liter-V12, bildschön und von prächtiger Melodik, aber zu schwach, zu schwer und hoffnungslos unterfinanziert. Zum Saisonende wurde die Partnerschaft vorzeitig aufgelöst.

Auf ebenso unbekanntes wie minenträchtiges Territorium begab man sich 1988 mit dem Typ 2708 „Indy", mit einem V8 von 750 PS Leistung und einem Aluminium-Kunststoffmonocoque vom Spezialisten March. Die Ausbeute in drei Jahren Verweildauer in der amerikanischen CART-Szene blieb mager: ein Sieg für den kahlhäuptigen Italiener Teo Fabi 1989 in Mid-Ohio, ansonsten Platzierungen unter Ferner liefen, am Ende ein ungutes Gefühl. Dafür hielt man sich in schwerem Gelände schadlos. Bei der Prestige-Rallye Paris–Dakar 1984 etwa siegte ein Carrera 4×4 in den Farben des Sponsors Rothmans, bemannt von René Metge und Dominique Lemoyne, zwei Jahre später erreichten bei der gleichen Veranstaltung alle drei gestarteten Porsche 959 das Ziel und dies auf den Rängen eins (für dasselbe Team), zwei und sechs. Mit einem ersten Lauf im belgischen Zolder wurde am 1. April 1990 der Porsche Carrera Cup aus der Taufe gehoben und zugleich der seit 1986 ausgefochtene 944 Turbo Cup zu Grabe getragen.

Wie einst bei der Targa Florio kann Porsche hinsichtlich der Bilanz der 24 Stunden von Le Mans kein anderes Fabrikat das Wasser reichen. Die letzten drei von 16 Gesamtsiegen – herausragende Piloten waren Jacky Ickx und Derek Bell – lagen zwischen 1996 und 1998 an. Für die ersten beiden davon zuständig war der Typ WSC (World Sports Cars) 95 Le Mans, mit einem von dem britischen Unternehmen TWR (Tom Walkinshaw Racing) gefertigten Karbon-Monocoque als Zweisitzer ausgelegt. Als Antrieb diente wie bereits im LM GT von 1994 ein wassergekühlter Sechszylinder-Boxer mit 2994 cm³ und Doppelturbo, von Luftrestriktoren und einer Ladedruckbeschränkung auf standfeste 540 PS zur Ader gelassen. Der WSC 95 war unter erheblichem Zeitdruck entstanden, da Porsche erst im Oktober 1994 von den Veranstaltern der IMSA (International Motor Sports Association) informiert worden war, künftig seien auch Turboaggregate statthaft. Im Dezember 1994 fuhr man erste Tests. Etliche Schwierigkeiten waren zu überwinden, so dass das Projekt ein Jahr auf Eis lag. Dann jedoch kaufte Reinhold Joest zwei Exemplare und sicherte sich zugleich die Unterstützung des Werks beim Ausräumen von konstruktiven

Mission gelungen: Doppelsieg für den GT1 1998 in Le Mans, hier der zweitplatzierte Wagen von Müller, Alzen und Wollek.

Ungereimtheiten. Bei beiden Le-Mans-Erfolgen musste man sich des GT1 aus dem eigenen Hause erwehren. 1998 setzte sich das hurtige Coupé in einem Doppelsieg durch.

Dann wurde es eine Zeit lang stiller um den Porsche-Sport auf der Weltbühne, bis sich die Marke mit dem Prototyp RS Spyder im Herbst 2005 bei der American Le Mans Series (ALMS) im kalifornischen Laguna Seca zurückmeldete, mit Pole-Position, Rundenrekord und Klassensieg in der Kategorie LMP (Le-Mans-Prototypen) 2. Hinter dem nostalgischen Namen RS Spyder verbarg sich ein 750 kg leichter Zweiplätzer mit dem modischen Kohlefasermonocoque als Rückgrat, befeuert durch einen 3,4-Liter-V8, dessen Leistung durch einen Luftmengenbegrenzer auf 480 PS beschränkt wurde, eingesetzt von Porsche-Partner Penske Motorsports. Der Triumph war total: vorzeitiger Gewinn der Hersteller- und Teamwertung in der Kategorie LMP2 2006 beim vorletzten Lauf in Road Atlanta, Fahrertitel für Sascha Maassen und Lucas Luhr, ein Gesamtsieg auf dem winkligen Kurs von Mid-Ohio.

Adel verpflichtet schließlich, und gewachsener Adel erst recht …

Die Idee kam zur Unzeit, und das gleich zweimal. Die Vorserie des von ihm konstruierten Volkswagens war 1937 just angeschoben worden, da strebte Professor Ferdinand Porsche bereits nach Höherem: Er würde gern, regte er bei Gesprächen mit den Bossen der zuständigen nationalsozialistischen Deutschen Arbeitsfront an, das Projekt mit einem sportlichen Fahrzeug auf VW-Basis krönen. Das Gesuch wurde abgeschmettert – man wolle die Massen mobil machen und nicht nur einige wenige Wohlhabende. Anderen Sinnes wurde man, nachdem für den September 1939 eine Fernfahrt Berlin-Rom ausgeschrieben worden war. Der Sieg eines VW-Derivats wäre ein glänzender PR-Coup für das System, ähnlich den Erfolgen der Silberpfeile von Mercedes und Auto Union. Unter der Bezeichnung Typ 64 stellte die Dr. Ing. h.c. F. Porsche KG im Frühjahr 1939 drei Coupés mit windschlüpfigen Aluminiumaufbauten auf die Räder, mittig eingelassen VW-Triebwerke, die durch entsprechende Maßnahmen auf 50 PS erstarkt waren. Zum Einsatz kam dieser Urahn künftiger Größe nie. Denn im September jenes Jahres ersetzte der Krieg den Sport als Fortsetzung der Politik mit anderen Mitteln.

Auf den ersten richtigen Porsche musste die Welt bis zum 8. Juni 1948 warten, gebaut im Exil des österreichischen Gmünd durch die Porsche-Konstruktionen-Ges.m.b.H. auf der Grundlage des Typs 64 und nach Zeichnungen vom 17. Juli 1947. Wieder lächelte keineswegs die Gunst der Stunde über dem Vorhaben. Aber mit dem „VW-Zweisitzer-Sportwagen" Chassisnummer 356-001 heiterte man Wirrwarr und Tristesse der Nachkriegszeit mit einem Traum auf, nicht ohne dass Ferdinand („Ferry") Porsche der Jüngere den Markt vorher auf seine Empfänglichkeit ausgelotet hatte. Energische Ermutigung kam aus der Schweiz, vor allem durch den Hotelier und Autohändler Bernhard Blank und den Zürcher Unternehmer Rupprecht von Senger, der überdies Bleche, Ersatzteile sowie höchst willkommenes Kapital in Höhe von 50 000 Franken beisteuerte.

Von Senger bezog auch den schmucken „Roadster Gmünd", 595 kg leicht und 35 PS stark, mit einer modifizierten 1131-cm^3-Maschine des Spenders VW vor der Hinterachse und einem Rohrrahmen. Von dieser Architektur war man zu jenem Zeitpunkt

1948–1951

bereits wieder abgekommen. Zu teuer war das Rohrgeflecht und verschlang zu viel Platz. Dasselbe galt für den Mittelmotor. Der Vierzylinder musste nach hinten ausgesiedelt werden, als Rückgrat eine steife Struktur mit seitlichen Kastenträgern und durchgehendem Boden herhalten. Dieses war bereits an je einem Cabriolet und einem Coupé der Fall, denen die Kärntner Behörden Mitte 1948 das Zeugnis der Unbedenklichkeit ausstellten. Die Alu-Hüllen hämmerte ein Wiener Spengler über ein Holzmodell. Als die Produktion in Gmünd am 20. März 1951 versiegte, hatten 44 geschlossene und acht offene Versionen des Ur-356 die Idee vom Porsche-Sportwagen nachhaltig in den Köpfen verankert.

An dieser „Stromlinien-Limousine", als welche die Werbung das Gmünd-Coupé ausweist, ist die typische

356-Form schon deutlich zu erkennen. Die meisten tragen diese beiden Chromleisten zur Zierde auf der Nase.

Die Coupés aus österreichischer Fertigung mit ihren Aluminium-aufbauten sind wirkliche Leichtgewichte. Handarbeit bedingte enorme Fertigungs-toleranzen. Noch zeigen Winker an, wo es langgeht.

Die Ähnlichkeiten zum VW-Triebwerk liegen auf der Hand, vom runden Gebläsekasten über Benzinpumpe und Lichtmaschine bis hin zur Zündspule.

Die beiden Exponate der Porsche-Konstruktionen-Ges.m.b.H. auf dem Genfer Frühlingssalon ab 17. Juni 1949, ein Coupé und ein von der Schweizer Manufaktur Beutler eingekleidetes Cabriolet, erweckten spontanen Hunger auf mehr. So bestärkt, mietete man in Stuttgart-Zuffenhausen eine 600 m² große Halle an. Deren Besitzer, die Karosseriewerke Reutter, erhielten den Auftrag, 500 Rohkarosserien aus Stahl herzustellen.

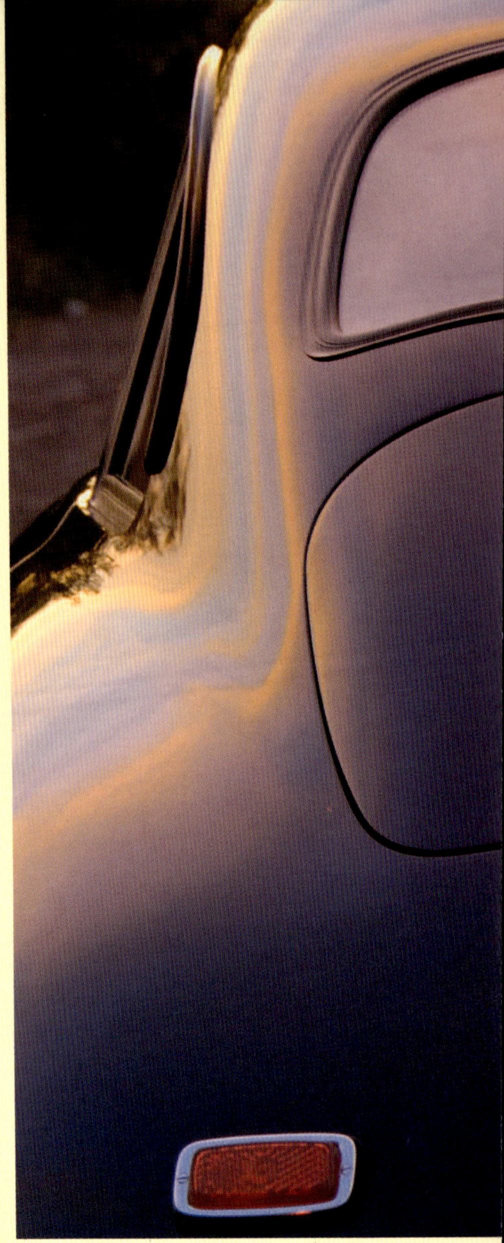

Zugleich glättete und rundete Hausdesigner Erwin Komenda die Silhouette des österreichischen Originals im folgenden Winter und legte dabei gewissermaßen die Ur-Form des Porsche 356 frei. Am Gründonnerstag 1950 schnippte man das letzte Stäubchen vom ersten Exemplar mit dem Geburtsort Zuffenhausen. Ein schwarzer Steg gliederte die Windschutzscheibe in zwei Hälften, und die Stoßstangen schmiegten sich bis hin zu den Radausschnitten an den Aufbau an. Die ersten Retuschen ließen gleichwohl nicht lange auf sich warten: Zum Modelljahr 1952 wurden die Frontscheibe einteilig, das Paar der Stoßfänger hoch gesetzt und vom Wagenkörper gesondert, die rechteckigen Rückleuchten durch runde von der Größe der Blinker ersetzt und das Reserverad ganz vorn aufrecht vor die Batterie gestellt, um auch im Bug Platz für ein wenig Gepäck freizuräumen.

Wie dieses fast ausschließlich in Handarbeit vom Reißbrett übertragen, wurde das Chassis mit dem Oberteil fest verbunden, ein gepresster und geschweißter Kastenrahmen. Die Räder waren einzeln aufgehängt, vorn mit zwei Kurbellängslenkern und gebündelten Quertorsionsstabfedern, hinten an einer Pendelachse, geführt durch Längslenker und runde Drehfederstäbe. Bei dem luftgekühlten Vierzylinder-Boxer jenseits der Hinterachse handelte es sich im Grunde genommen um ein VW-Aggregat von 1086 cm³, allerdings von zwei Solex-Fallstromvergasern zu 40 vollzählig vorhandenen PS ermächtigt.

Umgehend setzte eine Evolution des Hubraums und der Stärke ein. Im Frühjahr 1951 wurde der 1300 mit 44 PS verfügbar, im Oktober der 1500 mit 60 PS. In dessen Triebwerk rotierte ab September 1952 eine Kurbelwelle in Gleitlagern anstelle der bisherigen rollengelagerten. Diese Maßnahme schmälerte die Leistung um fünf PS. Die Bezeichnung „Dame" bürgerte sich ein, im

Unterschied zum 70 PS starken 1500 S (Super), der im Oktober seine Aufwartung machte. Im November 1953 erweiterte man die Palette um den 1300 S, dessen Lenker über 60 PS gebot, während Ende 1954 der 1100 aus dem Angebot getilgt wurde.

Auf Anregung des rührigen nordamerikanischen Porsche-Importeurs Maxie Hoffman bereicherten unterdessen zwei luftige Exoten das Typen-Spektrum, beide mit den 1488-cm³-Maschinen, da Hoffman im Land der Hubraum-Giganten alles darunter verschmähte: der American Roadster, ein Leichtgewicht von 605 kg in nur 17 Exemplaren ab Frühjahr 1952, und der etwas wohnlicher eingerichtete Speedster, der im September 1954 ins Programm kam.

PORSCHE
D
HH X 5047 H

Die Frontscheibe des frühen 356 ist geknickt und durch einen schwarzen Steg auch visuell deutlich geteilt. Seine Stoßstangen sind bündig in die Karosserie integriert.

Das Armaturenbrett hinter dem Federspeichenlenkrad hält die wichtigsten Informationen genau im Blickfeld des Piloten bereit. Noch hat er es weiß auf schwarz. Die Zeituhr in der Mitte hat der Besitzer durch ein Radio ersetzt. Dem glücklichen Porsche-Fahrer schlägt sowieso keine Stunde.

BLAUPUNKT

PORSCHE

PORSCHE
IMPORTED CARS
HM42H

Ein Coupé 1500 Baujahr 1954: Im April 1952 wurden die zweiteilige Windschutzscheibe durch eine geknickte einteilige ersetzt und die Stoßfänger vom Wagenkörper abgesetzt.

PORSCHE
1500

Zweispeichenlenkräder gibt es bereits im Oktober 1952, während die Schallgitter innen neben den Blinkern im April 1954 Detaillösungen am 356 A vorwegnehmen.

GOTT SEGNE DIESES HAUS
ALLE DIE DA GEHEN EIN UND AUS

OLDE ANNA OLDEN
ANNO 1745

Wie alle 356 vor 1956 hat dieses Cabrio 16-Zoll-Felgen, gegen Aufpreis mit Weißwandreifen. Der Motor des 1500 Super ist 70 PS stark.

PORSCHE

HH 040034

Seltene Schönheit: Für den American Roadster gibt es verschiedene Windschutzscheiben, und das Verdeck aus Segeltuch kann gänzlich entfernt werden. Lederriemchen fixieren die Fronthaube zusätzlich.

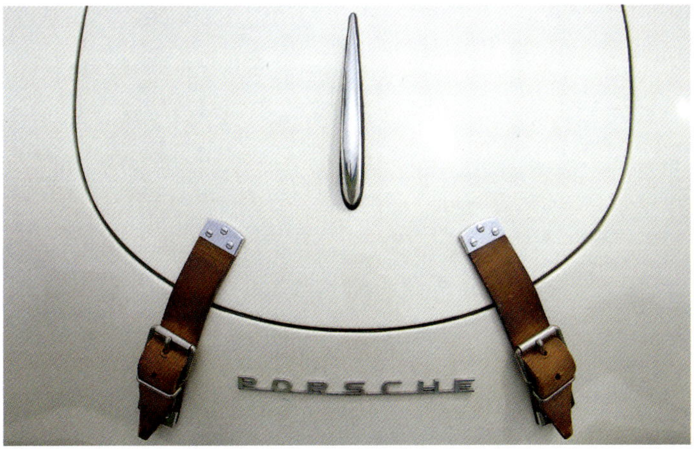

Charakteristisch für den spartanischen Roadster sind zum Beispiel die Aluminiumkarosserie und seine gewellte Linienführung.

Fast schon die Abstraktion eines Autos und dennoch heute teuer gehandelt: der Speedster, mit seinem ungefütterten

Stoffverdeck und Steckscheiben aus Kunststoff, der leicht zerkratzt ist und erblindet.

Vom Träumen und Tun

Herr Porsche ist ruhig und gelassen nach außen. Aber die Augen! Zwei Abgründe voll technischer Träume, die alle nach Realisierung streben. Träumen und Handeln – das ist die Quintessenz des Lebens von Leuten wie er", schrieb einmal ein kluger Beobachter über ihn. Das war 1903, Ferdinand Porsche war 28 Jahre alt und doch schon ein berühmter Mann. Just hatte er als Angestellter der „K.u.k. Hofkutschenfabrik Jakob Lohner & Co." in Wien-Floridsdorf den munter keimenden Kosmos des selbstbeweglichen Fahrzeugs um den „benzin-elektrischen Mischwagen" bereichert. Das war eine hybride Weiterentwicklung seiner „Porsche-Lohner-Chaise", die auf der Pariser Weltausstellung 1900 für beträchtliches Aufsehen gesorgt hatte. Das Tolle daran: Zwei Elektromotoren verrichteten ihre stille Arbeit in den vorderen Radnaben. Dadurch entfielen komplizierte Mechanik und Reibungsverluste der Übertragung. Aber die Batterien aufzuladen dauerte Tage, und sie erschlafften rasch. Folglich pflanzte Porsche ein Daimler-Benzinaggregat in die Chaise und koppelte an dieses einen Dynamo, der die Nabentriebwerke mit Strom belieferte.

Ferdinand Porsche anno 1910 als Technischer Leiter der Austro-Daimler-Werke in Wiener Neustadt.

Gebürtig war er als Sohn eines Spenglermeisters in dem sudetendeutschen Neiße-Nest Maffersdorf. Es hieß, es gebe dort ebenso viele Fabrikschornsteine wie Häuser. Sein Genie kam gewissermaßen aus dem Nichts, denn über vier Generationen von Porsches einschließlich seiner Geschwister ließ sich von dergleichen keine Spur ausmachen, ganz anders als etwa bei den Tonsetzerfamilien Bach oder Mozart. Ohnehin äußerte sich Ferdinand Porsches Musikalität eher im Komponieren von Metallenem – die Töne stellten sich da von ganz alleine ein.

Ursprünglich hatte er es mehr mit dem Elektrischen. Als seine Eltern eines Abends spät nach Hause kamen, erstrahlte ihr Haus im Licht einer Anlage, die der 17-jährige Ferdinand entworfen und gefertigt hatte – der zweiten in Maffersdorf nach ihrem Pendant bei der mechanischen Teppichweberei Ginzkey und gänzlich ohne von dieser inspiriert worden zu sein. Nicht zuletzt deshalb waren es die Ginzkeys viel mehr als sein Vater, die erkannten, was in ihm schlummerte, ihn förderten und seine Karriere auf die richtige Schiene setzten. Ab 1906 war er als Technischer

Direktor für Austro-Daimler tätig, schuf Autos wie den „Maja" (benannt nach der Schwester von Mercedes Jellinek, die dem deutschen Daimler-Mutterhaus ihren Namen spendiert hatte), den 140 km/h schnellen Prinz-Heinrich-Wagen von 1910 in strömungsgünstiger „Tulpenform" und den behänden kleinen Sportwagen „Sascha", fuhr sie auch selbst in Rennen, kühn aber beständig, wie es hieß, und avancierte schließlich zum Generaldirektor.

Obwohl Ferdinand Porsche längst als angesehener Bürger im grenzenlosen Reich der Ideen und Visionen sesshaft geworden war, zeichneten ihn eine zähe Treue zu seinen Ursprüngen trotz ihrer bürgerlichen Enge und ein ausgeprägter Familiensinn aus. So präsentierte er seine künftige Gattin Aloisia Johanna Kaes den Lieben daheim in Maffersdorf auf einer ersten Ausfahrt mit dem „benzin-elektrischen Mischwagen"

Durchblick: Das Bild spricht Bände. Porsche 1937 in typischer Pose und in typischer Umgebung.

Der Lotse geht von Bord: Porsche 1942 nach einem Test mit seinem Opus 175, dem „Ostrad"-Schlepper.

und heiratete sie auch dort. Im Jahr der Krise 1932 ereilte ihn ein Ruf aus Russland, verbunden mit der Option, gleichsam als eine Art Reichskonstrukteur den ohnehin dynamischen Aufstieg von Industrie, Technik, Forschung und Rüstung im düsteren Imperium Stalins weiter voranzutreiben. Er sah sich alles genau an, erfuhr auch so manches Geheimnis, beschloss indessen, in Deutschland zu bleiben. Er hätte sonst, pflegte er zu sagen, das Gefühl gehabt, auf dem Mond zu arbeiten, mit dem Weltraum dazwischen. Wohnsitz war bereits Stuttgart. Dort hatte sein Ingenieursbüro im Dezember 1930 in der Kronenstraße 24 seine Tätigkeit aufgenommen. Ihn heimelte wohl auch an, dass die schwäbische Metropole in eine Mittelgebirgslandschaft nicht unähnlich seiner heimischen Region eingebettet ist.

Ferdinand Porsche passte das viel bemühte Klischee „harte Schale, weicher Kern" wie

Der Professor 1949 mit seinen Enkeln Ferdinand Piëch (rechts) und Ferdinand Alexander („Butzi") Porsche.

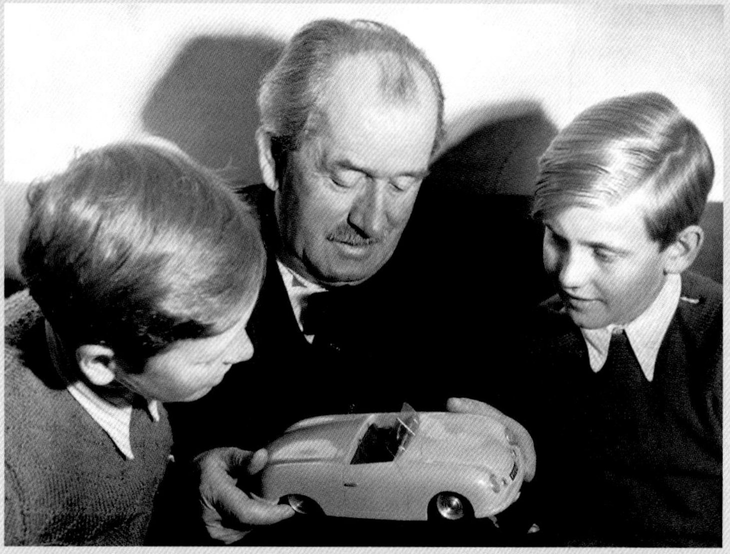

Seine schnörkellose und unbekümmerte Geradlinigkeit bewahrte er sich Zeit seines Lebens in den Spannungs- und Minenfeldern, in die ihn sein Dasein stellte. 1923, inzwischen mit der Würde eines Ehrendoktors der Technischen Hochschule Wien in der Stammrolle, heuerte er als Technischer Direktor bei Daimler (ab 1926 Daimler-Benz) in Stuttgart an und sah sich gleichsam als

maßgeschneidert. Er konnte grob, grantig und griesgrämig sein. Wenn es auch schwer fiel: Die einschlägig Betroffenen durften das auf keinen Fall persönlich nehmen, denn in aller Regel ging es allein um den Fortschritt der Sache, um schöpferische Ungeduld. Aber darunter verbarg sich ein Mensch, der naiv war, fast kindlich. Im Gegensatz zu den im Tollhaus eingesperrten Wissenschaftlern Ernesti, Beutler und Möbius in Friedrich Dürrenmatts böser Komödie *Die Physiker* machte sich Porsche kaum Gedanken über die politisch-bedrohlichen Implikationen des Kriegswerkzeugs, das er den Männern an den Hebeln der Macht zur Verfügung stellte, Panzer zum Beispiel, Artillerie-Lafetten, Kübelwagen oder Flugmotoren – sogar Zeichnungen von einem Staustrahltriebwerk sind überliefert. Ihm lag vor allem die technische Errungenschaft am Herzen, und dabei orientierte er sich stets an Superlativ und Perfektion als Maß der Dinge.

Zugereister aus dem österreichischen Busch dem einen oder anderen Vorurteil ausgesetzt. Aber er verschaffte sich bald Respekt, wie das seine Art war, durch seine konstruktiven Beiträge zum Targa-Florio-Sieger von 1924, einem Zweiliter-Vierzylinder mit Kompressor, den majestätischen Modellen 15/70/100 PS und 24/100/140 PS seit 1924, der legendären Baureihe S bis SSKL ab 1927. Aber während diese in die automobile Unsterblichkeit einzog, glitzerten schon wieder Eiskristalle auf dem Zwischenmenschlichen, und 1929 kehrte der Doktor honoris causa Ferdinand Porsche den Stuttgarter Stern-Konzern in durchaus gespanntem Einvernehmen den Rücken, wirkte kurz bei Steyr und nahm ein Jahr später sein Schicksal in die eigenen Hände.

Bei aller kreativer Universalität gehörte die besondere Liebe des grantelnden Genius dem Rennsport. In Russland hätte er völlig ohne dieses Elixir auskommen müssen. Das war einer der Gründe, warum er der gut dotierten Verlockung standhielt. Freie Hand hatte er indessen daheim, zumal die Mächtigen des Dritten Reichs den Sport umgehend zu Chefsache und ideologischem Aushängeschild erklärten. So entwickelte Porsche 1932 einen Sechzehnzylinder, der in eine am 16. März 1933 vertraglich besiegelte Kurzehe mit der Auto Union eingebracht wurde und in den Bau des kompletten Mittelmotor-Rennwagens Typ 22 für die künftige 750-Kilogramm-Formel einfloss. So viele Verbrennungseinheiten müssten es schon sein, erklärte er, je mehr desto besser, desto günstiger die Füllung, desto kleiner die Dimensionen der bewegten Teile. Die Kosten? Nun gut, da gälten halt andere Spielregeln als bei der Serienfertigung mit ihren überschaubaren Budgets.

Das waren Erläuterungen, die zum Beispiel Adolf Hitler einforderte, den er jederzeit („mein fähigster Konstrukteur") ohne Einhaltung des Dienstweges sprechen konnte. Womit sich die Gretchenfrage nach seiner Chemie zu dem Top-Nationalsozialisten stellt, in dessen Gegenwart sich Kotau und Katzbuckelei, schneidiger „Deutscher Gruß" und eine Schirmmütze als bewährtes Emblem der Botmäßigkeit empfahlen. Auch hier trat Porsche mit erfrischender Unverblümtheit auf, redete den damaligen Reichskanzler mit einem herzhaft-vertraulichen „Grüß Gott, Herr Hitler" an, bevorzugt in durchaus informeller Kleidung und mit einem englischen Hut auf dem Kopf.

Für seine Nähe zu den Reichs-Größen und seinen Stellenwert im System musste er nach dem Krieg gänzlich unverschuldet bitter büßen. Für drei Monate Gefangenschaft in einem amerikanischen Verhörlager bei Frankfurt, offiziell ironisch „Dustbin" genannt, durfte er sogar noch seinen Dienstwagen nebst Chauffeur Goldinger mitnehmen. Die Franzosen jedoch, auf Grund einer Anzeige, die Peugeot-Chef Jean-Pierre Peugeot lancierte, lasteten dem 70-jährigen Professor Repressalien gegenüber französischen Arbeitern und der französischen Zivilbevölkerung, ja Verschleppung an. Zwei Jahre unter unwürdigen Haftbedingungen, am Ende im Provinzgefängnis von Dijon, unterminierten seine Gesundheit. Unterbrochen wurden sie durch ein Intermezzo im Frühsommer 1946 im Dienst von Renault, wo Porsche dem Heckmotor-Kleinwagen 4CV („Cremeschnittchen") den letzten Schliff verpasste. Erst 1948 – inzwischen hatten Sohn Ferry und Freunde eine saftige Kaution entrichtet – gab es einen Freispruch erster Klasse.

Er erlebte noch Aufstieg und erste Sporterfolge seines Opus 356, dem er von Herzen zugetan war und das seinen guten Namen tragen durfte. Am 30. Januar 1951 verstarb er und wurde auf dem familieneigenen Schüttgut bei Zell am See bestattet. Professor Dr. Ing. h.c. Ferdinand Porsche, darüber waren sich alle einig, hatte sich um das Automobil verdient gemacht wie kaum ein Zweiter.

Einer der erfolgreichsten Rennsportwagen nach dem Krieg wurzelte in einer privaten Initiative im Jahr der Not 1949. Der mutige Mensch, bei dem sich die Welt für die Existenz des Porsche 550 bedankten durfte, hieß Helm Glöckler und war VW-Händler in Frankfurt. Er schweißte einen leichten Rohrrahmen zusammen, pflanzte ein Porsche-VW-Triebwerk von 1086 cm^3, dem sanfter Alkoholismus 58 PS einflößte, in dessen Heck und ließ dem Ganzen bei der Karosseriewerkstatt Weidhausen auf der anderen Straßenseite ein sportliches Trikot verpassen. 1950 wurde Glöckler deutscher Meister bei den Sportwagen bis 1100 cm^3.

In Zuffenhausen verfolgte man das Projekt aufmerksam und machte sich im Winter 1952 in gegenseitigem Einvernehmen an den Bau einer eigenen Version. Anfänglich begnügte man sich mit dem Vierzylinder-Stoßstangenboxer von 1500 cm^3 des serienmäßigen 1500 S. Bei den 24 Stunden von Le Mans 1953 stülpte man den dort eingesetzten Spydern Hardtops über, um weniger Leistung mit mehr Aerodynamik auszutarieren. Der Eingriff trug durchaus sein Scherflein zu einem Klassensieg bei. Beim Training zu einem Sportwagenlauf vor dem Großen Preis von Deutschland machte der Spyder seine Aufwartung mit dem Meisterstück Professor Dr. Ernst Fuhrmanns. Es schöpfte 110 PS bei 7800/min aus 1498 cm^3, und seine vier Nockenwellen wurden von Königswellen zur Arbeit angetrieben. Seine wirkliche Premiere anlässlich der Mille Miglia am 2. Mai 1954 begründete den Ruhm des sechstplatzierten jungen Hans Herrmann, begleitet von Herbert Linge, einem Porsche-Mann der ersten Stunde.

Ende jenes Jahres war der 550 Spyder auch für rund 100 private Kunden verfügbar, unter ihnen Stardirigent Herbert von Karajan. Sein Rohrrahmen fand sich zu einer selbsttragenden Einheit zusammen mit der Außenhaut aus einem Stück, windschlüpfig und schön anzusehen wegen ihrer ausgewogenen Konturen von der schaufelförmigen Nase über die muskulösen Kotflügel bis hin zum wohl geformten Hinterteil. Die Einzelradaufhängung bildeten vorn zwei längs liegende Traghebel und quer angesiedelte Vierkant-Blattfederstäbe und hinten eine durch Längslenker geführte Pendelachse mit je einem runden, quer angebrachten Drehstab.

Am oberen Rahmen der einteiligen Windschutzscheibe aus Schichtglas mit zwei Laschen befestigt, ließ sich das leichte Zeltdach zusammenklappen und ganz entfernen.

1956 trat der 550 A mit einem Rahmen an, der fünffach verwindungssteifer war. Seine Pendelachse mit tief gelegtem Drehpunkt folgte Mercedes-Bräuchen. Der Motor leistete nun 135 PS bei 7200/min, ermöglicht durch zwei Weber-Doppel-Fallstromvergaser Typ 40 DCM statt der bisherigen Solex-Zerstäuber. Schönster Sporterfolg bislang war Rang eins Umberto Magliolis bei der Targa Florio am 10. Juni. Der Kultstatus des Modells erwuchs aus unzähligen weiteren Siegen und aus dem Tod einer Legende. Denn am 30. September 1955 starb James Dean auf der Fahrt zu einem Rennen bei einem Verkehrsunfall in der kalifornischen Wüste.

Schöner Rücken: Darunter ragt drohend der Sebring-Auspuff hervor, durch den sich Ernst Fuhrmanns berühmter Königswellenmotor mit mächtigem Bariton Luft macht. Die einteilige Windschutzscheibe ist aus Plexiglas.

PORSCHE
LAU KT 6H
D

Die Bughaube ist wie ihr Gegenstück über dem Heck mit verdeckten Scharnieren angelenkt. Hinten sind die Belüftungsgitter eingeschnitten, vorne wurde eine Öffnung für den Tankdeckel ausgespart.

Vorgestellt auf der Frankfurter IAA im September 1955, lief die Armada der Porsche 356A in das folgende Modelljahr aus mit den Typen 1300 (44 PS), 1300 S und 1600 (beide 60 PS) sowie 1600 S (75 PS). War das Volumen der beiden hubraumstärksten Varianten leicht angehoben worden, ließ man es bei der Krönung der Palette, dem Carrera GS, bei 1498 cm^3 bewenden. In seinem Heck waltete 100 PS mächtig und drohend vernehmlich das etwas besänftigte Triebwerk des 550 Spyder mit vier oben liegenden Nockenwellen, ihrerseits durch Königswellen angetrieben, und Doppelzündung.

Lang war die Liste der Novitäten, umspannte eine etwas größere und gleichmäßig gewölbte Panorama-Frontscheibe ebenso wie vordere Blinker, die außen in horizontale Schallgitterchen eingesetzt worden waren, einen um 35 mm abgesenkten, mit Bouclé ausgelegten Wagenboden zwecks besserem Zugang zum und angenehmeren Aufenthalt am Arbeitsplatz, einen gepolsterten Blendschutz über der Armaturentafel sowie eine Stockbremse links unter dem Zündschlüssel. Eine weichere Federung bewirkten vorn Torsionsstäbe aus je acht Blatt (vorher: oben sechs, unten fünf) und am anderen Ende Drehstäbe, die um 74 auf 627 mm verlängert worden waren.

Mit 110 PS ging der Carrera GT ins Rennen, der ab Mai 1957 neben dem GS de Luxe (100 PS) als Coupé und Speedster offeriert wurde und ohne die Annehmlichkeit von dessen benzinelektrischer Heizung auskommen musste. Wie beim bürgerlichen Bruder VW wurde weiter emsig am Detail gefeilt, wie auf der IAA jenes Jahres ersichtlich. Indem man den Doppelauspuff der beiden 1600er durch die Enden der Stoßstangenhörner führte, gewann man Bodenfreiheit. Blinker, Brems- und Schlusslampen waren in einem gemeinsamen tropfenförmigen Gehäuse vereint, während das hintere Kennzeichen nun von unten beleuchtet wurde. Die Heckscheibe, am Cabriolet nach 1952 zum zweiten Mal vergrößert, war sphärisch gewölbt.

Für die beiden offenen Versionen gab es bequem zu montierende Hardtops. Nach unten trocknete das Angebot mit dem Hinscheiden der zwei 1300er aus, und 1958 segnete auch der Speedster das Zeitliche. Mehr Komfort war angesagt, und den bot ab

August desselben Jahres das Convertible D (im D fand sich die Initiale der Spenglerei Drauz in Heilbronn wieder, die den Aufbau herstellte). Die Leistung des Top-Typs Carrera, nunmehr mit 1588 cm³ ganz im Einklang mit seinen verbindlicheren Brüdern, eskalierte unterdessen munter weiter. Man konnte ihn als kommoden Reisewagen GS de Luxe mit 105 PS erwerben oder als zehn PS stärkeren GT, dessen Heckgrill wie schon beim Vorgänger von je sechs Lamellen zur Belüftung des Motorabteils flankiert wurde. Zum militanten Auftritt des GT als potentiellem Sportgerät zählten überdies der Verzicht auf Stoßstangenhörner, Türen und Hauben aus Aluminium und Lederriemchen zum Heben und Senken der Seitenscheiben. Gleichwohl mäßigte eine Kurbelwelle in Gleitlagern den Geräuschpegel.

PORSCHE
KL W 55GH

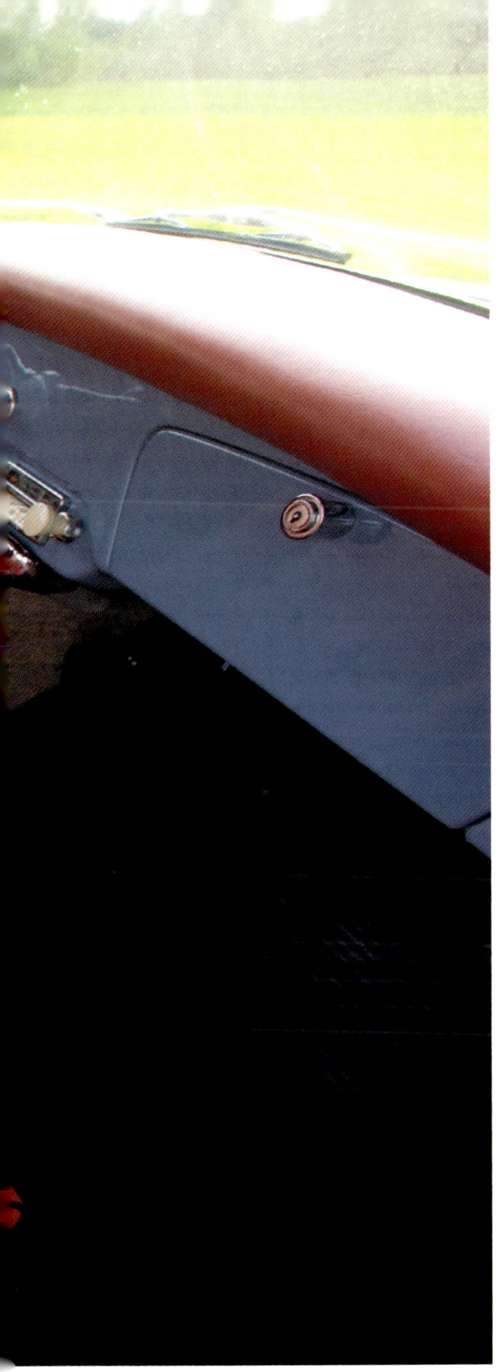

Mit seinen 60 PS steht dieses Coupé 1600 von 1959 nicht eben in der ersten Reihe des Porsche-Starterfeldes. Dafür hat es sein Besitzer mit Speedster-Schalensitzen und einem Nardi-Lenkrad sportlich aufgemöbelt.

Die „Tropfen"-Rückleuchten finden sich am Heck der T2-Generation ab Herbst 1957 und werten ihren Auftritt ebenso auf wie die Nummernschildbeleuchtung, die sich nun unterhalb der Kennzeichen findet.

Im fahler werdenden Licht des Abends lädt ein Cabrio 1600 von 1958 zum Fahren ein. Die Verstärkungen der Stoßstangen sind typisch für die US-Ausführung.

PORSCHE
KH MZ 356H

In der Ausbaustufe T2 der Baureihe 356 A haben Kombiinstrument (nun ohne Gradeinteilung für die Öltemperatur) und Tachometer (nun rechts) den Platz getauscht.

Das Cabrio hat erstmalig ausstellbare Dreieckfenster zwecks besserer Belüftung. Die Zierleiste unter der Heckscheibe wurde entfernt.

Speedster

Ein T2 Speedster in US-Ausführung mit Scheinwerfergittern. Die Amerika-Stoßstangen mit ihrem massiven gekrümmten Rohr waren erforderlich, um auf die vorgeschriebene Höhe zu kommen.

Ab August 1958 kommt die Variante Convertible D in den Handel, mit einem verchromten aufgeschraubten Fensterrahmen wie der Speedster, aber rund 30 mm höher. Zusammen mit dem höheren Verdeck und Kurbelfenstern sorgt dies für besseren Wetterschutz.

MTK WK 59H

BOSCH

Das klassische Carrera-Hinterteil mit Sebring-Auspuff und fünf zusätzlichen Kühlschlitzen

beiderseits des Heckgrills für den potenten Vier-nockenwellenmotor darunter.

Bei Sportfahrern ungemein beliebt: ein Carrera Speedster. Die vordere Haube ist durch zusätzliche Riemchen gesichert, der Überrollbügel Standard an der GT-Version.

PORSCHE

PORSCHE

Der Unzerstörbare

Einen richtigen Kerl kann man vernichten. Aber kleinkriegen lässt er sich nie. Das ist die Moral von Ernest Hemingways Erzählung *Der alte Mann und das Meer*. Otto Mathé (1907–1995), österreichisches Sportidol, Porsche-Ikone und Leuchtfeuer für alle, die am liebsten die Flinte ins Korn werfen würden, war so ein Kerl.

Am Lenkrad von Rennwagen wirkte er wahre Wunder, mit nur einem Arm, dem linken. Den rechten hatte er 1934 in einem schweren Unfall beim Sandbahnrennen von Graz verloren, nachdem er just vom per Muskel getriebenen auf das motorisierte Zweirad umgesattelt hatte. Schon mit dem war Mathé Extraklasse, fuhr zum Beispiel beim Training zu einem Schweizer Bergrennen als Amateur mit seiner Sunbeam-Dreihundertfünfziger die gleiche Zeit wie Bernd Rosemeyer auf einer DKW 500 mit Kompressor. Ob er nicht einmal einen Silberpfeil ausprobieren wolle, fragte Mercedes-Rennleiter Alfred Neubauer an. Mathé wollte nicht.

Am 8. Juli 1949 erstand der freundliche Innsbrucker bei der Porsche-Konstruktionen-Ges.m.b.H. Salzburg in Gestalt des Berlin–Rom-Wagens (Typ 64) ein Leitfossil der Firmengeschichte, dazu zwei gebrauchte Gmünd-Coupés, machte mächtig von sich reden mit diesen und mit seinem winzigen federleichten Porsche-Special, dem „Fetzenflieger". Der Name war Programm. 1950 gewann er den Alpenpokal, Goldmedaille und Silbernes Edelweiß im Rahmen der Internationalen Österreichischen Alpenfahrt, landete 1952 bei 20 Starts 20 Siege und wurde Staatsmeister der Alpenrepublik. Mit dem „Fetzenflieger" beim Eisrennen auf dem Zeller See schlug er Branchengrößen wie Hans Stuck den Älteren und Richard von Frankenberg.

Sein physisches Handicap bekam er in den Griff, indem er seine Autos auf Rechtslenkung umrüstete, das Volant

Hier steht Otto Mathé (Nummer 3) mit einem seiner Gmünd-Coupés am Start in einem dünn besetzten Feld.

Seiner schweren Behinderung zum Trotz ist Mathé unermüdlich im Renntempo unterwegs, etwa 1954 in Abazia, 1955 auf dem Zeller See, 1953 in Krieau.

in Kurven mit der Brust festhielt und mit der Linken schaltete. Gern erzählte er von seiner Begegnung mit Professor Porsche („So ein netter und gütiger Mensch!"). Der sei begeistert gewesen, weil sich der Österreicher Mathé den Alpenpokal mit einem seiner Produkte geholt hatte. Porsche habe ihn nach Stuttgart eingeladen und sich den silbergrauen Gmünd-Wagen genau angesehen. Mathé hatte dessen mechanische Bremsen durch hydraulische ersetzt. Das habe der alte Herr voller Anerkennung zur Kenntnis genommen: „Bravo, Mathé! Wären Sie mir nur schon früher über den Weg gelaufen!"

Ab 1960 ging er die Dinge gemütlicher an, hängte den Sturzhelm an den Nagel, blieb aber ein Hansdampf in mancherlei Gassen. Er hatte sich eine Skibindung patentieren lassen, die bis auf den heutigen Tag aktuell ist, fertigte diese auch, reparierte kaputte Kurbelwellen, verdiente seine Schillinge mit Öl und Ölzusätzen, war passionierter Skifahrer und Hobby-Ornithologe, wartete und pflegte seinen Ruhm. Für jedermann sichtbar kündete davon der Berlin–Rom-Wagen in einem von gläsernen Wänden umschlossenen Raum seines Hauses unweit des Innsbrucker Bahnhofs. Selbst der kühle Niki Lauda war Fan.

Gerade weil seine Grundform seit rund einer Dekade unangetastet war, fielen die Änderungen am Typ 356 auf der Frankfurter IAA im September 1959 erst recht ins Auge. Die robusteren Stoßstangen der Generation B, bewehrt mit massiven und längeren Hörnern, lagerten sich höher und enger an den Wagenkörper an. Zwecks Kühlung der Bremstrommeln durchbrachen Kiemen die vordere Schürze. Die Schallgitter innen neben den neu gestalteten Blinkleuchten waren simpler gestylt, und die Scheinwerfer lugten höher aus den Spitzen der Kotflügel hervor und leuchteten die Fahrbahn mit asymmetrischem Abblendlicht besser aus als zuvor. Ausstellfenster, am Cabriolet bereits 1957 zu finden, waren Standard.

Wieder hatte der Kunde, längst Angehöriger einer verschworenen Porsche-Gemeinde, die Qual der Wahl. Zu Coupé und Cabriolet, auch mit einem abnehmbaren Festdach verfügbar, gesellte sich eine rare Variante, deren Hardtop mit dem restlichen Aufbau verquickt war und die bei Karmann in Osnabrück gefertigt wurde. Das Convertible, das 1958 den Speedster abgelöst hatte, machte nach knapper Verweildauer dem ebenfalls kurzlebigen Roadster Platz. Er vereinigte markante Merkmale beider in sich, mit Kurbelfenstern sowie einer relativ großen Frontscheibe und einem dünnen Stoffdach als rudimentärem Schutz gegen die Schikanen nordischer Witterung.

Mit einem Motorvolumen von durchweg 1600 cm³ hatte man sich wohnlich in einer Nische eingerichtet, welche die internationalen Rennsport-Regularien vorsahen. Die Rolle, die den Zuffenhausenern dadurch zufiel, war durchaus dankbar: der Erste zu sein unter den Davids, gelegentlich eine Bedrohung darzustellen für die Goliaths der Piste. Kraft war in jedem Falle genug da, 60 PS im Falle der „Dame" als schwächstem Glied der Familie, 75 PS für den Super und, ab März 1960, 90 PS für den nicht unbedingt drehzahlfesten Super 90.

Eher ein Mauerblümchendasein blieb dem Carrera de Luxe beschieden, während sich der Carrera GT, mit 1588 cm³ und 115 PS glänzend gerüstet, bei den Sportfahrern großer Beliebtheit erfreute.

Bereits Ende 1961 vorgestellt, brach im Frühjahr 1962 der Carrera 2 zu neuen Ufern auf. Denn seine 130 PS (140 bzw. 155 PS als GT) wurden von einer ungemein elastisch zu Werke gehenden Zweiliter-Spielart des grollenden Viernockenwellen-

triebwerks bereitgestellt. Er hatte Scheibenbremsen, wie sie schon 1959 beim 1000-Kilometer-Rennen auf dem Nürburgring an einem Coupé erprobt worden waren. In lediglich 436 Exemplaren aufgelegt, krönte er gleichwohl die klug gefächerte Palette der Stuttgarter.

Wiederum auf der Frankfurt IAA zeigte sich der 356 B 1961 mit auffälligen Retuschen, die ihm gut zu Gesicht standen. Im Anschluss an die größere Heckscheibe besorgte ein Doppelgrill Beatmung und Kühlung des Boxermotors. Der Kofferraumdeckel, vorher elliptisch gerundet, war nun abgeflacht, und der Tankstutzen fand sich neuerdings rechts vorn im Kotflügel unter einer kleinen Klappe.

Nach einer Phase behutsamer Retuschen sorgen die höher angebrachten Scheinwerfer und Stoßfänger am 356 B T5 zunächst für Unruhe in der Porsche-Gemeinde. Aber man gewöhnt sich rasch.

Der Fahrer des 356 B sitzt hinter einem schwarzen Sicherheitslenkrad von VDM mit optionalem Hupring. Auch die Knöpfe am Armaturenbrett sind aus schwarzem Kunststoff.

Sein dick gefüttertes Stoffverdeck macht das B-Cabriolet zu einem guten Partner auch im Winter. Das Triebwerk des Super 90 ist mit Leichtmetallzylindern und zwei Solex-Vergasern 40 PII-4 auf seine höhere Leistung eingestimmt, aber nicht unbedingt vollgasfest.

MZ Z 356H

MZ Z 356H

Der spartanische Roadster mit seiner geduckten Linienführung und dem markanten, mit der Karosserie verschraubten Chromrahmen der Frontscheibe. Zum Betanken des B-Typs muss man noch immer den vorderen Deckel öffnen.

Charakteristisch für die karge Armaturentafel des Roadsters ist der Rundbogen, unter dem der Drehzahlmesser zuoberst im Blickfeld des Fahrers angesiedelt ist.

Nicht jedermanns Geschmack und eine Seltenheit dazu: das Hardtop-Coupé, gebaut bei Karmann in Osnabrück. Mit dem Erscheinen des T6 im Sommer 1961 bleibt vom Super-90-Schriftzug nur die 90.

Der Carrera GTL Abarth fußt auf der Basis des 356 B. Seine aerodynamische Aluminium-Außenhaut, länger, flacher und mit voluminöserer Verglasung, stammt von Carlo Abarth in Turin.

Unter der vielfach durchbrochenen Heckhaube mit ihrer separat abklappbaren Lufthutze verbirgt sich der Viernockenwellenmotor mit 135 PS bei 7300/min. Der Innenraum muss ohne gewichtigen Luxus auskommen.

ABARTH
ABARTH & C
Torino-Italy

Die dritte Stufe im ABC der Baureihe 356 wurde im Juli 1963 gezündet und bald darauf auf der IAA zu Frankfurt gezeigt. Zugleich klang an, was sich trefflich als Porsche-Mantra für die Zukunft eignen würde: Selbst das perfekt Scheinende lässt sich noch perfektionieren.

Zunächst einmal straffte man das Sortiment, sonderte das traditionelle Einstiegsmodell „Dame" mit seinen sanften 60 PS ebenso aus wie den vergleichsweise jugendfrischen Roadster. Es verblieben Coupé, Cabriolet und die auswärts bei Karmann in Osnabrück hergestellte Hardtop-Variante mit integriertem Festdach.

Ohne wesentliche Retuschen übernahm man die Karosserien der Variante B in der Ausbaustufe vom Herbst 1961. Gleichwohl war wie üblich der Wohn- und Arbeitstrakt überarbeitet worden. Dass die Armaturentafel in der Mitte eine Protuberanz nach unten angesetzt hatte, fing man mit einem kürzeren Schalthebel auf. Wo früher etliche Drehungen an einem Rändelknopf gefragt gewesen waren, ließ sich die Heizung nun zügig über einen Hebel auf dem Mitteltunnel regulieren, und die Heckscheibe wurde über zwei Ausströmöffnungen mit Warmluft beschickt.

Entschiedenere Eingriffe betrafen Fahrsicherheit und -komfort. Wie immer war ihnen ein lebhafter Dialog mit den Rennmodellen der Marke vorhergegangen. Flache Radkappen auf den neuen 15-Zoll-Felgen mit kleineren Lochkränzen bezeugten visuell die Anwesenheit von vier Scheibenbremsen. Sie gingen nach dem System Dunlop zu Werke und wurden bezogen vom Zulieferer ATE (Alfred Teves), während die Wettbewerbswagen und der Carrera 2 mit den teureren Anlagen aus eigener Fertigung ausgestattet waren. Ein um einen Millimeter verstärkter Stabilisator vorn sowie weichere und vorgespannte Drehstäbe an der Hinterachse taten der Straßenlage des 356 C gut, während eine Zusatzfeder aus Gummi den Federweg elastisch begrenzte und Stoßdämpferschäden vereitelte. Eine Ausgleichsfeder, beim B noch Standard, war nur noch auf Sonderwunsch erhältlich.

Den verbleibenden Stoßstangenmotoren mit 75 PS (im 1600 C) und 95 PS (im 1600 SC, vormals Super 90) hatte Triebwerks-Guru Hans Mezger verbindlichere Manieren beigebogen. Verändert wurden die Form der Kolbenböden, die Steuerzeiten, Feder-

teller, Ein- und Auslasskanäle, die Entlüftung des Kurbelgehäuses, Luft- und Leerlaufdüsen sowie Kurbelwelle und Hauptlager. Die mögliche Leistung des SC war gleichwohl mit Vorsicht zu genießen, worauf sogar das Werk vorsorglich aufmerksam machte. Zwar steckte der Ventiltrieb selbst Drehzahlen im roten Bereich jenseits von 5500/min locker weg, aber die Lager waren den Drücken nicht gewachsen, die dann auftraten.

Der letzte von 16 668 Porsche 356 C, ein mit einem hübschen Blumenbukett geschmücktes weißes Cabriolet, rollte im April 1965 vom Band. 76 302 Exemplare insgesamt hatten die Botschaft Nummer 356 des Professors Ferdinand Porsche in alle Welt hinausgetragen. Aber nun war die Zeit reif für etwas Neues.

PORSCHE C
HF C 356H

Hohes C: Auffällig an der letzten Ausbaustufe des 356, abgesehen von der Typenbezeichnung am Heck, sind die geänderten Räder und Radkappen, bedingt durch Scheibenbremsen an allen vier Ecken.

Den letzten 356 in den Stoßstangenversionen gibt es als C mit 75 PS und in der ultimativen Version SC mit 95 PS. Die C-Modelle haben stets den „Durant"-Außenspiegel.

PORSCHE C
KH F 356H
D
Fa. Kleinz Bad Kreuznach-Planig 0671 / 6 75 46

Mit einem Heckgestell wie an diesem C-Cabriolet schultert der Porsche zusätzliches Gepäck. Auf der Aufpreisliste finden sich zwei Varianten, verchromt oder silbern lackiert.

PORSCHE
Carrera 2
12 VOLT

PORSCHE
Carrera 2
HP M2H

Die C-Modellpalette wird gekrönt vom Carrera 2, der Komfort, Luxus und Leistung auf harmonische Weise in Einklang bringt. Sein drehmomentstarker und kultivierter Motor leistet 130 PS.

Span vom alten Klotz

Der Apfel, sagt man, falle nicht weit vom Stamm. Noch drastischer formulieren es die Engländer: *A chip off the old block*, heißt es, wenn ein Sohn nach dem Vater schlägt, im übertragenen Sinne, versteht sich. Zweifellos war Ferdinand Porsche der Jüngere, genannt Ferry, so ein Span vom alten Klotz. Am 19. September 1909 in Wiener Neustadt geboren, stand er gleichwohl nie im Schatten seines illustren Vaters. Aber naturgemäß schwamm er eine Zeit lang in dessen Windschatten mit, als Mitarbeiter in seinem Stuttgarter Konstruktionsbüro ab 1. Dezember 1930 zum Beispiel, als Leiter der Erprobung für den Volkswagen ab 1934, als Prokurist und Gesellschafter der Dr. Ing. h.c. F. Porsche KG 1938.

Da hatte Ferry Porsche schon längst viel Eigenes im Sinn, war bereits früh von unkindlicher Ernsthaftigkeit gewesen. Ein Foto von 1920 zeigt den Elfjährigen am Lenkrad des hübschen „Ziegenbockwagens", den sein Vater für ihn gebaut hatte, in markiger Pose ganz nach Art der Großen jener Zeit wie Christian Lautenschlager oder Max Sailer – ein kleiner Profi und im Rennsport sogar durchaus zu guten Zeiten fähig. Dass dem alten Professor mit dem strebsamen Sprössling ein kongenialer Partner zur Seite stand, zeigte sich spätestens am Typ 360, besser bekannt als Cisitalia, einem Grand-Prix-Rennwagen für den italienischen Industriellen Piero Dusio, der 1947 unter seiner Leitung entstand. Nicht unähnlich dem 1933 von der Auto Union adoptierten „P"-Modell, in dessen Konzeption Ferry von Anbeginn eingebunden war, wies der gedrungen-rundliche Renner weit über seine Zeit hinaus. Indizien dafür waren sein Boxermotor mit zwölf Zylindern, anderthalb Litern Volumen und zwei oben liegenden Nockenwellen pro Bank und Kompressor, wie das ihm baulich nachgeordnete synchronisierte Fünfganggetriebe vor der

Stolz wie ein Schneekönig: Ferry Porsche 1920 bei einer Gymkhana im Weihnachtsgeschenk seines Vaters, einem Zweisitzer mit einem Zweizylinder-Viertakter und zwei Gängen, und 1993 mit Sohn Alexander und Elfern der Jahrgänge 1964 und 1993.

Der Rennsport ist Vater aller Dinge: 1969 bei der Targa Florio zwischen den Siegern Udo Schütz und Gerhard Mitter, 1972 mit Roger Penske in Watkins Glen.

Hinterachse angesiedelt und zu 350 PS bei 10 500/min fähig, ebenso wie der zuschaltbare Vierradantrieb. Unter seiner Führung nahm im Kärntner Gmünd auch der 356 Gestalt an, ab 1950 Rückgrat und Krönung der Porsche-Aktivitäten.

Nach dem Tod seines Vaters im Januar 1951 avancierte Ferry Porsche zum Firmenchef und hatte diese Position inne bis zum einvernehmlichen Beschluss der Familienmitglieder, sich am 1. März 1972 aus der Geschäftsführung zurückzuziehen. Anschließend bis zum März 1990, als ihn sein Erstgeborener Ferdinand Alexander ablöste, gestaltete er die Geschicke der Porsche AG als Vorsitzender des Aufsichtsrats mit.

Als ihm 1965 die Technische Hochschule Wien die Ehrendoktorwürde verlieh, zog er gewissermaßen auch akademisch mit seinem Vater und Vorbild gleich. Bereits 1959 hatte ihn der damalige Bundespräsident Theodor Heuss mit dem Großen Verdienstkreuz der Bundesrepublik Deutschland ausgezeichnet, weitere Ehrungen und Auszeichnungen folgten.

Ferdinand Porsche der Zweite, genannt Ferry, starb hochbetagt am 27. März 1998. Er hatte sich dem „Fahren in seiner schönsten Form" verschrieben – welch ein attraktiver Lebensinhalt!

Noch bereitete man die Abdankung des alten Königs vor, da meldete schon der neue gebieterisch seinen Anspruch auf den Thron an. Auf der 41. Frankfurter IAA ab 12. September 1963 standen sie gleichwohl einträchtig nebeneinander, der 356 in der Ausbaustufe C und somit in der Blüte seiner Manneskraft und der 901 als nicht ganz fahrfertiger Prototyp.

Seine schmissige Linie stammte von Ferdinand Alexander („Butzi") Porsche, dem ältesten Sohn des Firmenchefs Ferry. Wie vieles am Fahrzeug war sie eigentlich ein Amalgam aus Elementen des viersitzigen Einzelgängers Typ 754 (hausintern „T7" geheißen), dem Ferry Porsche aus firmenideologischen Gründen die Aufnahme in die Serie verweigert hatte, und neuen Zutaten, und dennoch stimmte alles. Sein luftgekühlter Boxer mit Druckumlaufschmierung war ein enger Verwandter des kernig bellenden Achtzylinders aus dem Formel-1-Wagen 804, mit dem Dan Gurney im Juli 1962 den Großen Preis von Frankreich in Rouen gewonnen hatte. Zwei Verbrennungseinheiten waren allerdings abgetrennt worden, und auf Betreiben von Motoren-Mann Hans Tomala hatte man die beiden Nockenwellen, vorher über und unter der Kurbelwelle tätig, auf die Zylinderköpfe verpflanzt.

Viel Zukunft war auch in der Aufhängung des 901 angelegt, geschaffen vom jungen Helmuth Bott im engen Zusammenwirken mit Peter Falk vom Fahrversuch: tief angeordnete Querlenker und seitlich aufragende Dämpferbeine sowie längs unter dem Boden liegende Drehstäbe vorn, Doppelgelenk-Antriebswellen und Schräglenker hinten.

13 Prototypen waren durch die Auto-Hölle gehetzt worden, als am 14. September 1964 der erste 901 vom Band lief. Im Oktober präsentierte man das fertige Produkt auf dem Pariser Salon. 82 Fahrzeuge hatten das Werk verlassen, als man ihn zum 911 umwidmete. Der französische Konzern Peugeot hielt dreistellige Ziffernfolgen mit einer Null in der Mitte in Erbpacht und hatte damit bei der Geburt des Elfers Pate gestanden. Einschneidende Ereignisse in der Modell-Vita innerhalb der nächsten zehn Jahre: Anfang September 1965 die Einführung des „Sicherheitscabriolets" Targa mit einem festen stählernen Überrollbügel, ab Juli 1967 die Option des halbautomatischen Vierganggetriebes

Sportomatic, im gleichen Jahr ein um 57 auf 2268 mm verlängerter Radstand, um Schwächen beim Geradeauslauf in den Griff zu bekommen.

Schier unerschöpflich waren die Möglichkeiten des wohltönend schnarrenden Sechszylinders, gefächert nach Bedarf und Geldbeutel: Aus den 1991 cm³ der ersten Generation holte man 130, 160, 110, 140 und 170 PS heraus, aus den 2195 cm³ der Evolutionsstufe eins ab September 1969 125, 155 und 180 PS, aus den 2341 cm³ nach der zweiten Hubraumvergrößerung ab September 1971 130, 140, 165 und 190 PS. Als zwei Jahre später wiederum im Herbst erneute Aufrüstung anstand, verbreiteten weltweit 89 256 Exemplare in den Spielarten 911, 911 S, 911 T, 911 L und 911 E die Idee vom Fahren in seiner schönsten Form.

WI 00 64

Der 356-Purist wird sich noch eine Weile zieren, bevor er sich an die ähnliche und doch so andere Linie des Elfers gewöhnt hat. Die fünf Runduhren hinter dem Vierspeichenlenkrad wölben sich genau im Blickfeld des Piloten.

WN C 1969H

Der 911 S, zum Modelljahr 1967 eingeführt, ist damals Deutschlands schnellstes Serienauto. Typisch sind die Leichtmetallfelgen von Fuchs, verstärkte Profilgummis auf den Stoßdämpfern und Zierleisten unter den Türen.

targa
WELTMEISTER

Mit dem Targa ist Anfang September 1965 frischer Wind ins Elfer-Programm gekommen. Sein matt schimmernder massiver Bügel eröffnet zugleich ein völlig neues Sicherheitskonzept.

WN JC 911H

Der Targa-Bügel sorgt überdies für eine höhere Karosseriesteifigkeit als die eines Cabriolets und für unverwirbelte Frisuren. Die Puristen mögen ihn nicht.

Der Porsche 904 GTS, auch Carrera GTS geheißen, war der beste Beweis dafür, dass sich selbst unter dem kategorischen Zwang zum Sparen etwas Großartiges auf die Beine stellen lässt. Auf ein schmales Budget war beispielsweise, einschlägigen englischen Vorbildern wie etwa diversen Lotus-Fabrikaten folgend, seine Karosserie aus Kunststoff zurückzuführen, 100 kg leicht und ab November 1963 bei dem Flugzeugbauer Heinkel in Speyer im Handauflegeverfahren produziert. Dabei wurden in Kunstharz getränkte Glasfasermatten manuell auf eine Hohlform aufgetragen, die bereits mit einer Lage Feinschichtharz bedeckt war – der künftigen Außenhaut des Fertigteils. Das war billiger als die weitaus aufwändigere Bearbeitung des üblichen Werkstoffs Aluminium.

Da die spartanisch gepolsterten Sitzschalen – die für den Beifahrer diente nur zum Alibi, da von der Rennsport-Legislative FIA vorgeschrieben – als Bestandteile des Aufbaus starr aus dem Boden ragten, musste sich der Pilot über eine verstellbare Pedalerie und das axial bewegliche Lenkrad selber einpassen. Ein- und Ausstieg waren hingegen ein Leichtes, weil die Türen weit hinab in die Flanken gezogen waren. Von einem Gitterrohrrahmen sah man ebenfalls ab und entschied sich für eine preisgünstigere Stahlblechstruktur, gebildet von zwei Längsträgern und kastenförmigen Querverbindungen. Mit ihr war die Karosserie durch einen speziellen Klebstoff untrennbar verbunden und an den Enden verschraubt. Lediglich 45 kg schwer, war das Rückgrat des 904 zwar einfach zu reparieren, verwand sich jedoch freudig und sollte das Modell nicht überleben. 15-Zoll-Lochscheibenräder vom Kaliber 5, 5½, 6 oder 7 Zoll hingen vorn an schräg angestellten doppelten Querlenkern, desgleichen hinten, wo im Bunde mit langen Schubstreben eine exzeptionelle Radführung erzielt wurde. An beiden Enden waren quer liegende Stabilisatoren eingebaut. Der 904 ließ sich kinderleicht fahren. War aber einmal sein weit außen angesiedelter Grenzbereich überschritten, dann bedurfte es kundiger Hände und glänzender Reaktionen.

Öffnete man die hinten angeschlagene riesige Motorhaube, dann fiel der beträchtliche Abstand zwischen der Rückwand der Fahrgastzelle und dem Triebwerk ins Auge. Hier hauste nämlich im Kreise seiner Domestiken der aus dem Carrera 2 bekannte

Vierzylinder mit seinen vier Nockenwellen und 1966 cm^3. Zwar hatte man Lebensraum freigehalten für den eigentlich vorgesehenen Sechszylinder aus dem 901/911, dann jedoch dem gestandenen Premium-Boxer den Zuschlag gegeben, auch dies aus Kostengründen und wegen der guten Ersatzteillage. Die 180 PS, die er mit dem so genannten Sebring-Auspuff gepaart entwickelte, machten den 904 auch so ungemein munter.

116 Exemplare wurden hergestellt, 16 mehr als für die Homologation als Grand-Tourisme-Fahrzeug nötig. Seine kurze, aber glückliche Karriere gipfelte in zwei GT-Weltmeisterschaften und dem Gesamtsieg bei der 48. Targa Florio im April 1964.

Viele sehen den 904 GTS als den ultimativen Sportwagen für die Straße an. Der zweite Sitz genügt aber nur den Bestimmungen der FIA, und auch mit Kofferraum ist es schlecht bestellt.

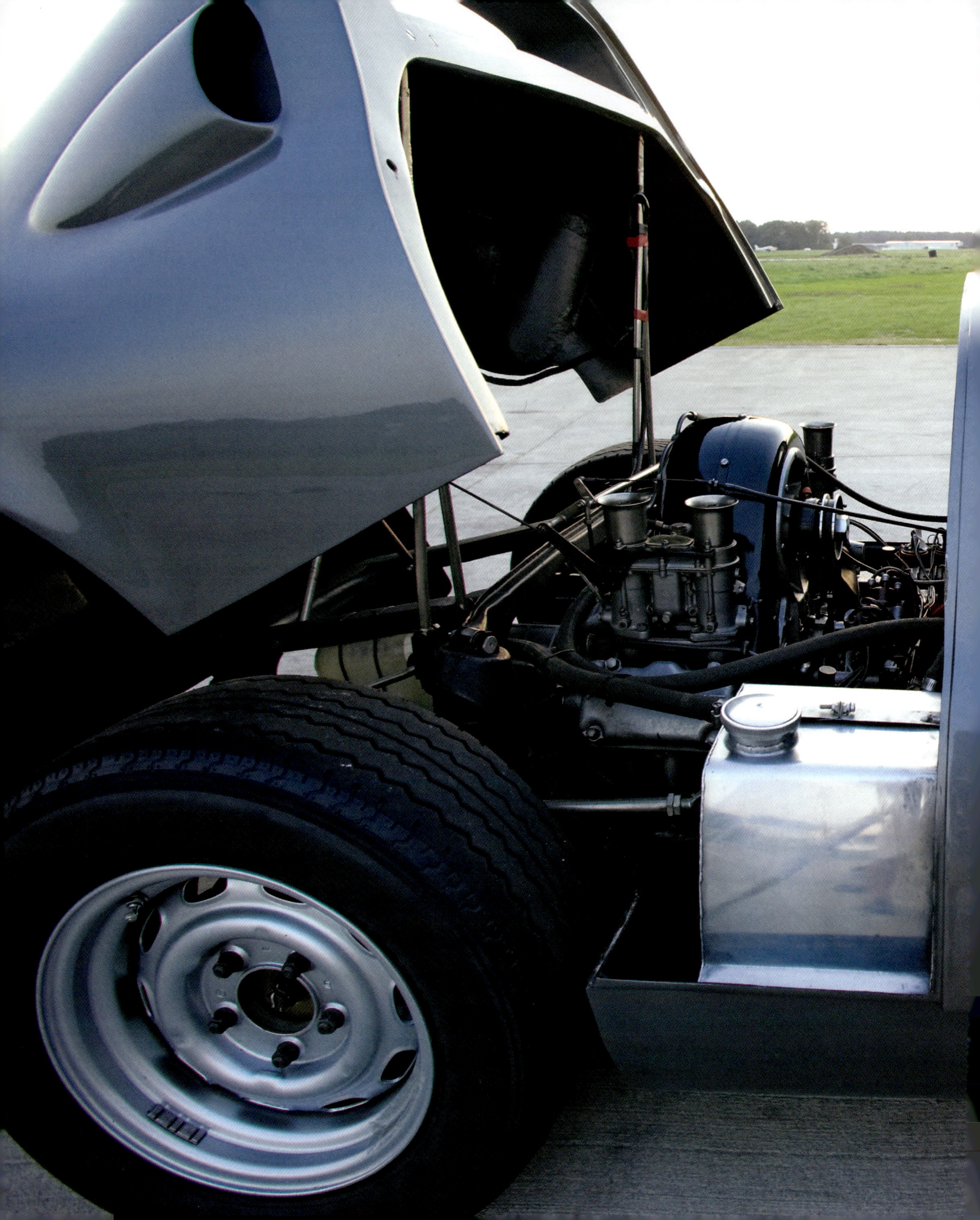

Kastenrahmen und Kunststoffkarosserie sind miteinander verschraubt und durch einen speziellen Klebstoff zusätzlich verbunden. Das Hinterteil kann allerdings komplett abgeklappt werden.

Mit dem Erscheinen des Sechszylinders wurde das Porschefahren entschieden teurer. In seinem letzten Jahr 1965 kostete der 1600 SC 16 450 Mark, während der neue 911 mit 21 900 Mark zu Buche schlug. Das war gut ein Viertel mehr. Und: Es war längst zum Glaubensartikel geworden. Ein nicht geringer Teil der Klientel musste sich krummlegen, um in diesen manchmal lang ersehnten Genuss zu kommen. Den Leuten, befand das Zuffenhausener Management, konnte geholfen werden.

Und so stellte man Anfang April 1965 den 912 vor, Preis: 16 250 Mark. Optisch von seinem großen Bruder kaum zu unterscheiden, vereinigte er in sich Altes und Neues zu einer gelungenen Symbiose. Herzstück war der sattsam bekannte vierzylindrige Klassiker im Heck, wie gehabt mit 1582 cm^3, aber um fünf PS geschwächt schon auf Grund zweier Ansaug-Geräuschdämpfer, die seine akustischen Emissionen auf ein dumpfes Grollen und Poltern reduzierten. Dieser Aderlass war nicht zuletzt seiner Lebenserwartung förderlich. Und wo im 1600 SC Drehzahlen über 5500/min mit Vorsicht zu genießen waren, konnte sich der Pilot des 912 mit einem im Prinzip identischen Triebwerk durchaus über längere Zeit in der Nähe von 6000/min aufhalten, ohne mit einem kapitalen Motorinfarkt an den Rand der Straße rollen zu müssen.

Dies, die verbleibenden 90 PS, am besten vermittelt durch das gegen 340 Mark Aufpreis erhältliche Fünfganggetriebe, und die somit erreichbaren 185 km/h waren dringend nötig. Denn immer häufiger rückten ambitionierten Sportwagenlenkern hurtige Emporkömmlinge aus dem Umfeld der sportlichen Limousinen wie der Ford 20 M TS oder der BMW 1800 TI zu Leibe.

Nach dem Beziehen seines Arbeitsplatzes wurde dem 912-Eigner ebenfalls diskret vor Augen geführt, dass er nicht im Top-Modell der Marke saß. Das Armaturenbrett kam ohne schmückendes Beiwerk wie die im 911 übliche Teakholzimitation aus. Auch in punkto Instrumentierung ließ man es beim Nötigsten bewenden. Die lebenswichtigen Informationen waren auf drei Runduhren verknappt worden, Ölvorratsanzeige und Manometer entfielen. Andererseits enthielt man dem 912 den wohl dosierten Fortschritt nicht vor, der dem 911 zuteil wurde. Wie bei jenem erwuchs dem Coupé auf der IAA 1965 Gesellschaft in Form einer

Targa-Variante, und wie bei jenem wurde der Radstand vor den Werksferien 1967 von 2211 auf 2268 mm verlängert, um den Geradeauslauf zu verbessern.

Präsentiert worden war die jüngste Kreation der Stuttgarter als „Europatyp", verteilt ausschließlich durch das europäische Händlernetz. Großbritannien und wichtige Überseemärkte verweigerten ihm zunächst die Einbürgerung. Aber nach anfänglicher Abstinenz fanden viele der insgesamt 30300 Porsche 912 ihren Weg in die Vereinigten Staaten. 1968 machte ihm ein Konkurrent aus dem eigenen Hause den Garaus: der 911T. Der hatte sechs prestigeträchtige Zylinder und war mit 17550 Mark nur 2100 Mark teurer.

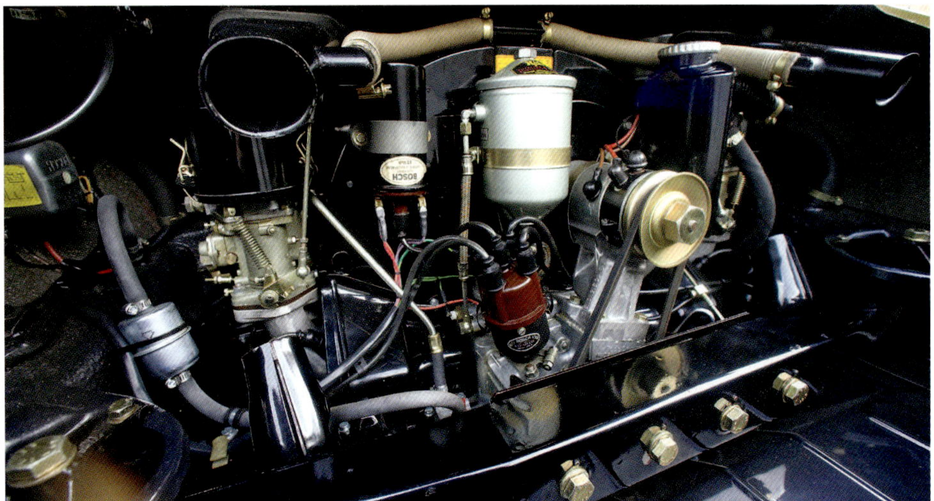

Mit dem 912 wendet man sich an die weniger betuchten Enthusiasten der Marke. Optisch ist er vom Elfer kaum zu unterscheiden, aber im Heck arbeitet der Vierzylinder des 356SC, auf 90 PS gedrosselt.

Für die einen besiegelte die Bindestrichehe VW-Porsche real existierende Verhältnisse, für andere kam sie dem Versuch gleich, die Quadratur des Zirkels zu erzwingen. Ein Porsche fürs Volk?

Gewiss – mit einer Verbreitung von 96491 Einheiten für den Vierzylinder genügte er diesem Anspruch schon irgendwo. Den gängigen Klischees von charismatischer Sportlichkeit entsprach der VW-Porsche 914-4 jedoch kaum, als er da auf der Frankfurter IAA 1969 seine Aufwartung machte, breit, flach, kantig, mit dünnen Pneus und Klappscheinwerfern, die sich nächtens wie Kaninchenohren in die Höhe reckten. Seine Architektur folgte der aktuellen Mittelmotormode – fast. Denn im Zentrum lagerten die beiden Passagiere, Rücken an Rücken mit dem Motor. Dieser war kurz vor der Hinterachse angesiedelt, das Fünfganggetriebe dahinter. Entsprechend lang war der Radstand, 2450 mm gegenüber den 2271 des Porsche 911. Vier Schotten gliederten die Ganzstahlkarosserie, wobei die Kofferräume an beiden Enden mit einem gemeinsamen Volumen von 370 Litern den stabilen Mitteltrakt als Knautschzonen abschirmten. Dem zusätzlichem Schutz der Insassen diente ein angeschweißter Überrollbügel, zugleich Widerlager für das neun Kilo schwere Dachpaneel aus glasfaserverstärktem Kunststoff. Bei Nichtgebrauch war ihm ein Plätzchen im rückwärtigen Gepäckabteil reserviert.

Sicherheit vermittelte auch das Fahrwerk des Volks-Porsche, mit Querlenkern, Dämpferbeinen und Torsionsstäben vorn und Hinterrädern, die an Schräglenkern und mit Schraubenfedern kombinierten Schwingungsdämpfern aufgehängt waren. Unter einem kleinen Deckel verbarg sich der 80-PS-Einspritzer des VW 411 E, robust, genügsam, langlebig und auch ein wenig langweilig. Im September 1972 wurde der 100 PS leistende 914 2.0 ins Programm aufgenommen, im August des folgenden Jahres dem Einstiegsmodell das Aggregat des VW 412 LS spendiert, das mit Hilfe einer Zweivergaseranlage aus 1795 cm³ 85 PS aktivierte.

Ab 1970 waren die Optionen Porsche-Sportomatic und 5½-Zoll-Felgen mit Reifen des Kalibers 165 HR 15 zu haben. 1971 verkürzte man die Heckschürze und versah sie mit senkrechten Entlüftungsschlitzen. Zu diesem Zeitpunkt erscholl bereits das

Halali über dem marktpolitischen Aschenbrödel 914-6, das in einer Auflage von lediglich 3351 dahingesiecht war. Kein Wunder: Äußerlich von seinem Brüderchen lediglich durch fünffach gezackte Felgeneinsätze unterschieden und vorn mittels innenbelüfteter Scheibenbremsen an die Kandare genommen, glänzte er zwar mit dem 110 PS starken Zweiliter-Sechszylinder des früheren 911 T und entsprechenden munteren Fahrleistungen, kostete aber gerade mal knapp 1000 Mark weniger als der unterste Dienstgrad der Porsche-911-Hierarchie. Nur auf elf Prototypen brachte es wegen der unergiebigen Marktlage der 916 mit einem Breitfahrwerk, stählernen Festdach und den 190 PS, die das 2,4-Liter Triebwerk des Porsche 911 S freisetzte.

Der Vierzylinder-Mittelmotor des 914-4 führt unter einer schmalen Haube ein ungemein zurückgezogenes Dasein. Im eigentlichen Zentrum sitzen allerdings die Passagiere.

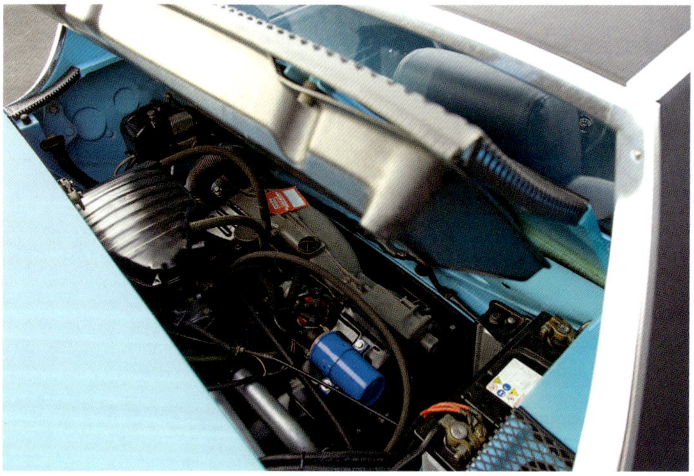

In seiner kargen Simplizität erinnert das Cockpit an den Speedster. Für Europa bestimmte Modelle tragen das Wappen von Wolfsburg in der Mitte des Lenkrads, Exportwagen für die USA das Porsche-Emblem.

Visuell unterscheidet sich der 914-6 von seinem Gegenstück mit vier Zylindern fast nur durch seine Felgen, häufig wie hier Fuchs-Räder, die mit fünf statt vier Radmuttern befestigt sind.

69
70
71

Das einteilige Fiberglasdach, zwischen dem Rahmen der Windschutzscheibe und dem Targa-Bügel angesiedelt, kann zügig entfernt und dann im hinteren Kofferraum verstaut werden.

HH WX 698H

Er wies den Weg gleich in mehrfacher Hinsicht. Zum einen wurde er Vorreiter einer neuen Generation von Elfern mit 2687 cm^3 Hubraum, indem man die Bohrung von 84 auf 90 mm erweiterte. Zum anderen brachte er Porsche-Fahrer im Rallyesport wieder nach vorn und ermöglichte den Einstieg in die Europa-Trophäe für GT-Fahrzeuge, für den es eine Mindestpopulation von 500 Exemplaren nachzuweisen galt. Im November 1972 konnten die Zuffenhausener damit aufwarten. Eine zweite Auflage von 536 Einheiten schloss sich an, da sich der RS 2.7 unter einer nach Leistung und Prestige dürstenden Klientel als begehrter Artikel erwies. Hilfreich war dabei eine klug-moderate Preisgestaltung: Seine Anschaffung schlug mit 33 000 Mark zu Buche, gerade mal 1820 Mark mehr als der entschieden bürgerlichere, wenn auch mit fast allen Segnungen der Auto-Zivilisation ausgestattete 911 S.

Zum Dritten erfüllte er das Kultwort Carrera mit neuem Leben, das zuletzt ein Modell der Baureihe 356 C geziert und seit sieben Jahren brachgelegen hatte. Schließlich hatte man sich die Nutzungsrechte einst bei den Veranstaltern der mexikanischen Carrera Panamericana gesichert, traditionell einem guten Porsche-Forum. Die süffig tönende Vokabel verhieß Freiheit, Abenteuer und kompromisslose Sportlichkeit. Schon visuell wurde daraus gar kein Hehl gemacht. In aller Regel war der RS 2.7 in „Grand Prix Weiß" gehalten, mithin der einstigen deutschen Rennfarbe, und der Schriftzug Carrera schmückte in Blau, Grün oder Rot seine Flanken. In den gleichen Couleurs verstärkten dann die fünfzackigen Einsätze seiner Aluminiumfelgen seinen militanten Auftritt. Wer wollte, konnte auf diesen aggressiven Dekor verzichten. Aber das tat kaum jemand, ebenso wenig wie auf den frech sich emporreckenden Heckspoiler aus Fiberglas, bald in Analogie zu einem Gegenstück aus dem Reich von Ente und Gans Bürzel genannt. Er nagelte den Carrera RS 2.7 im Bunde mit einer tief hängenden Frontlippe, Pneus der Kaliber 215/60 VR 15 hinten und 185/70 VR 15 vorn und dem mit Dämpferbeinen von Bilstein und 15-mm-Stabilisatoren aufbereiteten Fahrwerk förmlich an die Straße. Im Gegenteil: Das drohend anmutende Renn-Requisit, am Carrera nur auf eigene Verantwortung des Kunden gegen einen normalen Heckdeckel auszutauschen, dekorierte bald so manchen 911 von der Stange.

Immerhin erklärten sich 210 PS für den Transport von knapp 960 kg (fahrfertig) zuständig. Zwei Zentner gegenüber dem zeitgenössischen 911 S mit 2,4 Litern waren abgespeckt worden. Man entfernte die hinteren Notsitze ebenso wie die Zeituhr. Die Bleche waren dünner, die Türen durch Lederriemchen zu öffnen, und leichte Gummizüge arretierten den Kunststoffdeckel über dem Motorraum, während die Passagiere in knallharten wannenförmigen Recaro-Sitzschalen lagerten.

Mit einem Sportpaket (700 Mark teuer) und in einer Touring-Version (Aufpreis 2500 Mark) ließen sich diese asketischen Eingriffe in sanfter Paradoxie wieder rückgängig machen.

Carrera RS
PORSCHE
OF SH 111H

Carrera RS

Mit diesem Modell kehrt der Name Carrera zurück. Markantestes Merkmal ist der ständig erigierte Spoiler auf dem Glasfiberheck, im Volksmund bald nur noch Bürzel genannt. Er soll fünf km/h bringen.

Wie einst der Dauerbrenner und -renner 356 begann sich der Elfer bereits in seinen ersten zehn Jahren als geradezu ideales Objekt für eine mild-konservative Modellpolitik zu erweisen. Durch die unermüdliche Arbeit an einem Ausgangsprodukt mit offenbar schier unerschöpflichen Möglichkeiten ersparte das kleine, aber feine Stuttgarter Haus seinen Freunden und Jüngern den Verdruss häufiger Typenwechsel. Was blieb, war das sanfte Unbehagen, vielleicht in relativ kurzer Zeit nur den zweitbesten Porsche aller Zeiten zu besitzen – ein Manko, das durch eine geradezu legendäre und immer noch zunehmende Wertbeständigkeit fast wieder austariert wurde.

Der beste – das war ab September 1973 die Ausbaustufe G, die siebente Variation des Motivs 911 also, mit 2,7 Litern Hubraum, erhältlich mit 150 PS, 175 PS (911 S) und 210 PS (Carrera), während die Versionen T und E im Zuge einer Frontbegradigung auf der Strecke geblieben waren. In den ersten beiden wurde dem heisernden Boxer im Heck seine fossile Nahrung (Normalbenzin wie auch im Falle des Carrera) nun abhängig von der angesaugten Luftmenge durch die K-Jetronic von Bosch zugemessen, während im Top-Typ eine mechanische Einspritzung dafür zuständig blieb. Im übrigen enthielt sich der Carrera – jetzt auch als Targa zu beziehen – der knalligen Effekte, mit denen der RS 2.7 friedfertige Bürger vergrämen mochte. Porsche-spezifisches Understatement war angesagt, der provozierend ausladende Heckspoiler zum aufpreispflichtigen Extra verkümmert, und nur in einigen wenigen Fällen schrie ein riesiger Schriftzug auf seinen Flanken seine Identität heraus. Wo jener noch mit der Wohnlichkeit einer mönchischen Strafzelle aufgewartet hatte, nahm sein Nachfolger an der allgemeinen Evolution des Komforts teil, erhielt etwa kommode Fauteuils mit integrierten Kopfstützen sowie serienmäßige Automatikgurte und elektrische Fensterheber.

Kräftig retuschiert hatte man am äußeren Auftritt des G-Modells. Dabei folgte wie gewohnt die Form der Funktion abseits von jeglichem modischem Firlefanz. Die Stoßfänger, am Hinterviertel mit zusätzlichen Hörnern bewehrt, bestanden aus Aluminium. Das Ensemble der Leuchten war vorn in die Ecken des Rammschutzes eingebettet und unterbrach somit einen zusätzlichen schüt-

zenden Gummiwulst, wie er auch unterhalb der Türen Unbill von den Flanken des Porsche 911 2.7 abhalten sollte. Markantestes Merkmal dieser Generation – ab 1976 verblieb der Basis-911 als einziger 2,7-Liter – waren indessen die ziehharmonikaartigen Faltenbälge am Ende der Stoßstangen. Darunter verbargen sich Prallrohre mit ungefähr 50 Millimetern Spielraum, die kluge und keineswegs unattraktive Antwort von Porsche auf die amerikanische Sicherheitsbestimmung, Wagenbug und -heck müssten unbeeindruckt einen Knuff von acht Stundenkilometern wegstecken. Noch besser taten dies die optionalen Pralldämpfer, die Stoßenergie mittels hydraulischer Wirkung auffingen.

2.7-Liter-Carrera von 1974 mit dem als Extra lieferbaren großen Heckspoiler und hinterem Steinschlagschutz. In diesem Exemplar tut das Triebwerk des RS mit 210 PS Dienst, eines von 500 verbliebenen.

OF 07822

PORSCHE
OF 07822

Was die streitbaren deutschen Freaks an der G-Serie verdrießt und die amerikanischen Fans erfreut, sind die Sicherheitsstoßstangen mit ihren schwarzen Gummibälgen.

912E

Eine Pressemappe vom 15. August 1973 gewinnt dem neuen Rammschutz auch Positives ab: der Elfer wirke damit „noch gestreckter, noch eleganter und zugleich kräftig“. Da ist was Wahres dran.

Mit dem Turbo 3.0 erbrachten seine Väter auf dem Pariser Salon im Oktober 1974 den Beweis, dass sich selbst in einem richtigen Sportwagen strotzende Leistung und üppiger Luxus durchaus miteinander vereinbaren lassen. Zwar fußte das neue Flaggschiff der Porsche-Flotte auf dem Elfer, zeichnete sich aber sichtlich durch eine eigene Identität aus, so dass auch ein eigener Name gerechtfertigt war: der 930.

Leistung: mächtige 260 PS, generiert vom Dreiliter-Sechszylinder, unter Turbodruck gesetzt wie in den Rennsportwagen der Marke. Dies geschah überaus mild in der Methode, friedlich schnurrend bis gezügelt grollend. Wie ein zusätzlicher Schalldämpfer wirkte nämlich sein Abgaslader, dessen Turbinenrad ihm mit 0,8 atü die Muskeln schwellte, in der Auspuffanlage. Das dramatische Mehr an Kraft gegenüber den ja schon keineswegs rachitischen Saugern, vermittelt durch ein eigens geschaffenes Vierganggetriebe, bildete sich allenthalben in der Physis des Galions-Porsche ab, in seinem tief hängenden Frontspoiler und weit ausladenden Heckflügel ebenso wie in wuchernden Kotflügelverbreiterungen, hinten durch Schutzfolien vor Steinschlag geschützt. Denn der 930 stand stämmig in der Spur, vorn auf sieben, hinten auf acht Zoll breiten Leichtmetallfelgen (Pneus: 185/70 VR 15 bzw. 215/60 VR 15) zuzüglich Distanzscheiben.

Und Luxus: automatische Heizregulierung über einen Regler auf dem Rahmentunnel zwischen den Sitzen und einen Wärmefühler zwischen den Sonnenblenden zum Beispiel, getöntes Glas, Leder, elektrische Fensterheber und Hochflorteppiche wie englischer Rasen vor den Colleges von Cambridge. 1976 rüstete man auf und um mit Reifen des Kalibers 205/50 VR 15 bzw. 225/50 VR 15, und ein Jahr später folgten Felgen mit 16 Zoll Durchmesser.

Ein Optimum schien erreicht, und wieder schickte man sich an, es zu überbieten. 2880 Exemplare verbreiteten die Botschaft vom sanften Riesen aus Zuffenhausen in aller Herren Länder, da kippte im Herbst 1977 der Turbo 3.3 (3299 cm^3) den alten König vom Sockel. Man hatte die Bohrung von 95 auf 97 mm erweitert, den Hub von 70,4 auf 74,4 mm gestreckt und die Verdichtung von 6,5 auf 7:1 aufgestockt. Dabei heraus sprangen 300 ursolide Pferdestärken. Im noch

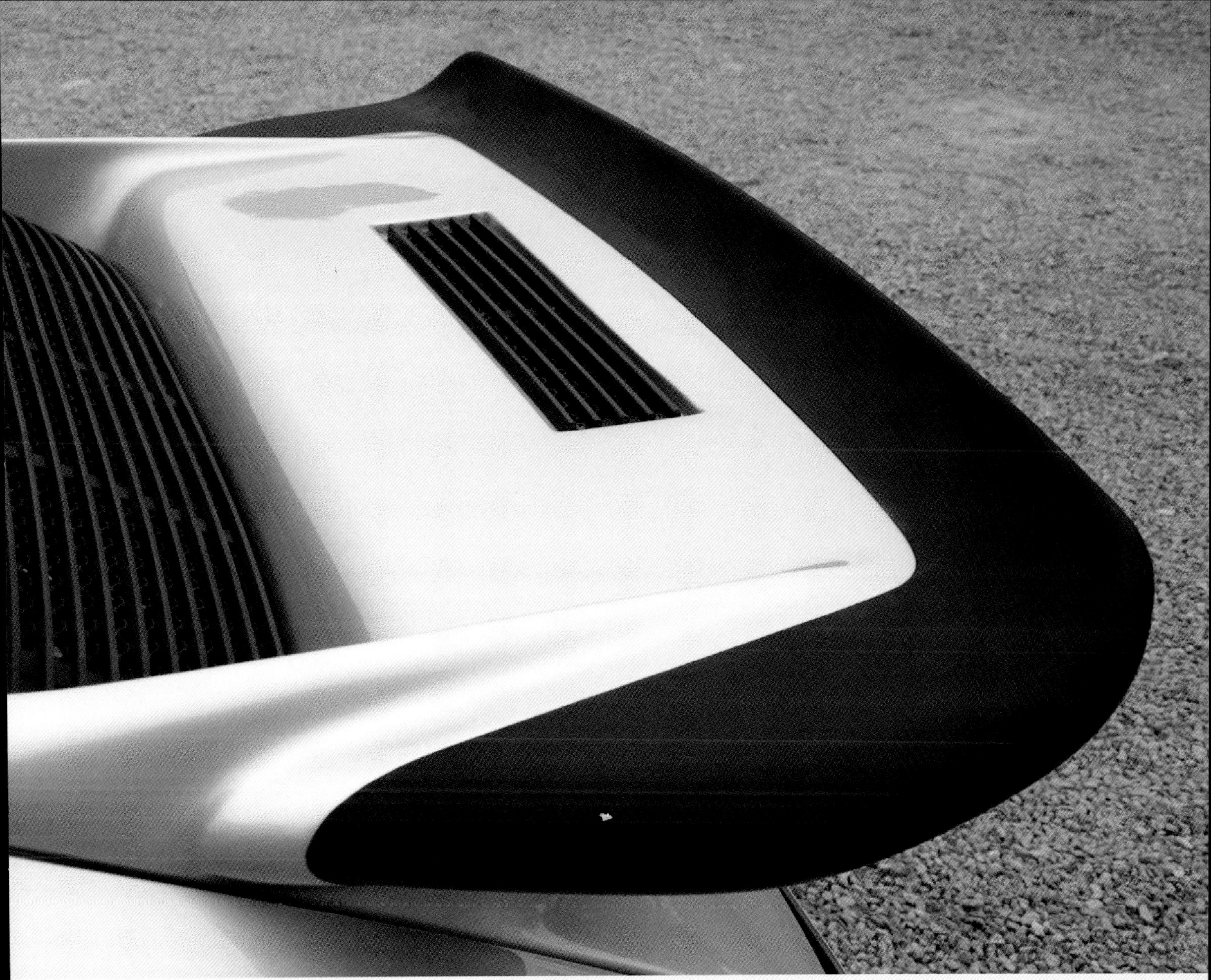

voluminöseren Heckflügel, nach allen Regeln der Kunst im Windkanal ausgeformt, entzog ein Kühler der Ladeluft bis zu 100 Grad. Dickere und nun perforierte Grauguss-Bremsscheiben sowie Aluminium-Festsättel mit Kühlrippen wie im legendären Renn-Typ 917 besorgten, dass der Turbo-Pilot von seinen Ausflügen in Geschwindigkeiten bis zu 260 km/h sicher zurückkehren konnte.

Unaufhaltsam aber nahm die Evolution auch des Porsche 930 ihren Lauf. Die wichtigsten Stationen: ein geräuschmindernder Doppelrohr-Auspuff 1979, Hinterräder vom Format 245/45 VR 16 auf neun Zoll breiten Felgen 1985, Turbo-Targa und Cabriolet 1987, ein Fünfganggetriebe 1988 – dem vorletzten Jahr seiner Verweildauer. Aber weitere würden folgen.

Zeichen von Stärke: Der neue flache Spoiler des Turbo stammt vom 3.0 RS und – ebenfalls optional – vom Carrera. Er besteht wie die ganze hintere Haube aus GFK und hat ein Lufteinlassgitter und einen Luftkanal zum Gebläse.

turbo

„Die Firma Porsche wird ihrem Modellprogramm die Krone aufsetzen“, heißt es in einer Pressenotiz vom Oktober 1974. Und in der Tat wird der Turbo mit seinen stämmigen Kotflügeln zum Sinnbild von Kraft und Herrlichkeit.

ARTEMIS

Der Heckspoiler des 911 Turbo 3.3 ist das Resultat penibler Versuche im Windkanal zur Verbesserung von Form, Anstellwinkel und Lufteinlassschlitzen. Bei gleichem Luftwiderstand entsteht weniger Auftrieb.

E CA 911

Der voluminöse Unterbau des Spoilers sorgt dafür, dass Raum für den Ladeluftkühler und bedarfsweise einen leistungsstarken Kompressor für die Klimaanlage zur Verfügung steht.

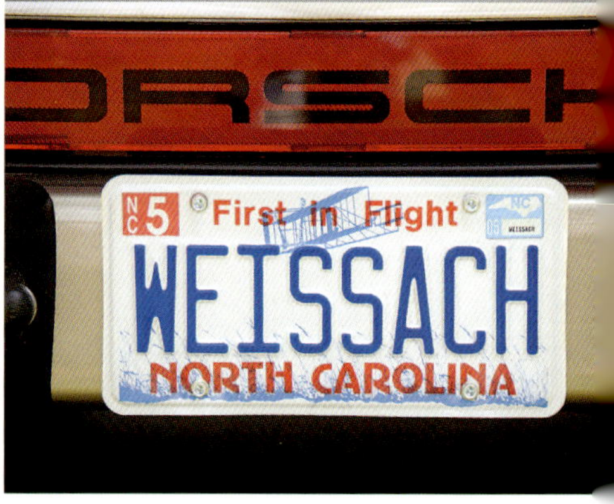

Morgenputz vor Sonnenaufgang zum 50. in der Schokoladenstadt Hershey. Gegen neun, wenn die Kommission kommt, muss alles blitzsauber sein.

Der Porsche Club of America, eine rührige Vereinigung von Adepten der Marke, feierte 2005 sein halbes Jahrhundert. Seine Filialen decken 139 Regionen in den USA und Kanada ab. Anliegen des PCA, verkündet eine programmatische Schrift, sei die Pflege der schönen Dinge im Leben. Man sei interessiert am Wohl guter Freunde und dem guten Gespräch, wolle aber vor allem dem besten Automobil von allen huldigen. Man trete gegeneinander an auf der Piste, zeige sich seine kostbaren Schätze, organisiere Rallyes, Autocross-Veranstaltungen und Touren aller Art. Der Club fördere das Fahrkönnen seiner Mitglieder und ihre technischen Kenntnisse. Seinen Porsche kenne man in- und auswendig. Fast schon ein Credo …

50 Jahre Porsche Club of America

LINKS OBEN Aufmarsch der Teilnehmer. darunter Mehrfach gepunktet: der Sieger beim Concours d'Élegance. **OBEN** Angehörige der Familie Porsche mit Sondermodell des 997 für den US-Markt. **LINKS** Enthüllung des Sondermodells, eines von 50 identischen Exemplaren.

Rustikale Einsitzer: eine schöne Kollektion von Porsche-Traktoren.

550 Coupé, bei der Carrera 1953 von Juhan/Hall gefahren.

Big Brother Is Watching You: Die deutsche Polizei ist überall.

Begegnungen: Teilnehmer der Parade mit ausgewählten Altertümern der Amish People und der berühmten Achterbahn von Hershey.

Anfang der siebziger Jahre war Porsche mit dem 917 und dem 917/10 auf den Rennstrecken endgültig aus dem Windschatten anderer ausgeschert. Bei den Produktionswagen zeichnete man diesen Aufstieg in abgemildeter Form nach, war 1975 mit dem 930 Turbo und dem Carrera 3.0 im prestigeschwangeren Segment der Dreiliterwagen angelangt und brach somit bereits in die Domäne illustrer italienischer Rivalen wie des Ferrari Dino oder des Maserati Merak ein.

Abgesehen von dem undefinierbaren Faktor Exotik bot etwa der Carrera 3.0 alles, was diese zu bieten hatten – und mehr. Das Plus an Hubraum hatte man durch die Erweiterung der Bohrung von 90 auf 95 mm erzielt und zugleich die Potenz des Carrera 2.7 um zehn PS zurückgenommen. Dies und die sparsamere Alimentierung durch die K-Jetronic von Bosch waren der Elastizität des raspelnden Boxers durchaus bekömmlich, ohne der Spitzengeschwindigkeit oder der Beschleunigung des Carrera etwas anzuhaben.

Vom Bemühen der Zuffenhausener, ihren Kunden einen Wertgegenstand von hoher Beständigkeit an die Hand zu geben, zeugten beidseitig feuerverzinkte Thyssen-Stahlbleche für Karosserie und weitere tragende Elemente, verbunden mit einer sechsjährigen Garantie. Einer vorbildlichen Korrosions-Prophylaxe dienten darüber hinaus diverse Aluminiumteile im Umfeld von Motor und Aufhängung sowie der Targa-Bügel aus Nirosta. Sichtbar äußerte sich der Unterschied zur Generation der Vorgänger etwa in breiteren Kotflügeln, die fetteren Pneus (185/70 VR 15 vorn, 215/60 VR 15 hinten) auf geschmiedeten Felgen aus Leichtmetall (vorn sechs Zoll, hinten sieben Zoll, auf Wunsch jeweils ein Zoll mehr) Unterkunft boten.

Komfortabel war er auch, ein echter Gran Turismo im Sinne des Wortes, mit einer Heizungsautomatik, elektrisch verstell- und beheizbaren Außenspiegeln, elektrischen Fensterhebern und einer Scheinwerfer-Reinigungsanlage als Optionen. Als Alternative zum serienmäßigen Vierganggetriebe wurden ein Dreigang-Automat oder auch fünf manuell geschaltete Fahrstufen angeboten. Über diese verfügte der Pilot des mit kontaktloser Zündung und, zur Abwehr von Automardern, fest verglasten Fond-Seitenscheiben ausgestatteten Nachfolgers 911 SC (Super Carrera) ab 1978 als Standard.

Nur zum Schein bedroht von den Frontmotor-Typen der Marke, war er der einzige verbliebene Elfer, und Pessimisten stimmten sich bereits zum Halali ein, zumal er um 20 PS geschwächt die Gerüchte über sein baldiges Hinscheiden zu bestätigen schien. Aber der Klassiker lebte, hatte im Folgejahr schon wieder acht PS zugelegt und geriet in der Ausgabe von 1980 mit 204 PS zum genügsamsten Dreiliter der Welt, wenn auch zu Superbenzin zurückgekehrt. Vor den Türen sprossen seitliche Blinkleuchten, und ab 1981 steuerten pulverbeschichtete Felgen das ihrige zur Abkehr vom Chrom-Zierrat bei. Auf dem Genfer Salon im März 1982 spielte man gar einen schier unwiderstehlichen Trumpf aus: ein Cabriolet auf der Basis des SC.

911 Carrera 3.0 & SC 3.0

Totgesagte leben länger: Die Nachrufe liegen bereits in den Schubladen, der SC scheint der letzte Elfer zu sein, mit breiteren Kotflügeln und viel Mattschwarz anstelle von Chrom wie schon der Carrera 3.0 vor ihm. Aber weit gefehlt!

PORSCHE
MA JJ 911

MA JJ 911

Dass die seitlichen Ausstellfenster nun fest sind, verleidet Automardern das trübe Handwerk. Ab Modelljahr 1980 ist der 911 SC mit einem etwas kleineren Dreispeichen-Lederlenkrad ausgestattet.

Der jüngste Träger des Namens Porsche, im November 1975 vorgestellt, verbarg unter seiner glatten vorderen Haube einen Reihenvierzylinder, dem das Lebenselixir Luft durch einen im Frontspoiler diskret integrierten Einlass zugeführt wurde. Ansonsten war er jedoch an gefährdeten Stellen von Wasser umspült, verblockt mit der Kupplung und gemäß dem Transaxle-Prinzip mit dem Vierganggetriebe nahe der Hinterachse verbunden durch eine 20 mm dünne Welle, die von einem starren Rohr ummantelt wurde.

Das waren eklatante Verstöße gegen den Artikel 1 im Porsche-Grundgesetz, im besten aller Sportwagen gehöre ein luftgekühlter Motor ins Heck. Aber die Zeit war reif für etwas Neues, und vor allem wollte man sich unterhalb des Elfers und des künftigen Dickschiffs 928 Käufer bewahren und gewinnen in der Nachfolge des 914. Und: Wie dieser sollte der Neue möglichst viele Elemente aus den Regalen des VW-Konzerns in sich vereinigen. Wie 150 689 Exemplare innerhalb der nächsten zehn Jahre bewiesen, ging das Kalkül auf.

Gebaut wurde der 924 zu Neckarsulm im Audi-NSU-Werk, wo man ihm zugleich den um 40 Grad nach rechts geneigten sanft modifizierten Zweiliter des Audi 100 und dessen Achsantrieb-Getriebe-Einheit verpasste. Die Gewichtsverteilung von 48 zu 52 Prozent und ein narrensicheres Fahrwerk mit vorderen Scheiben- und hinteren Trommelbremsen führten zu problemlosem Fahrspaß mit dem Hatchback-Coupé, und auch an den Zapfsäulen zeigte es sich genügsam. 1978 gab es ein Fünfganggetriebe von Porsche auf Wunsch, 1979 – die Einfassungen der Seitenscheiben waren nun modisch schwarz – eines von Audi als Standard. Mehr Kraft (150 statt der 125 PS bisher) wuchs ihm, wie auch ein S in der Typenbezeichnung, im Modelljahr 1986 durch den 2479-cm³-Basismotor aus der USA-Ausführung des größeren Bruders 944 zu. 1988 kamen noch einmal zehn dazu.

Ebenso zuverlässig arbeitete seit 1978 das 170 PS starke Triebwerk des 924 Turbo, erkennbar an einer NACA-Öffnung, die Fahrtwind unmittelbar auf den Lader und ein Bypass-Ventil pustete, und vier längliche Durchbrüche oberhalb des vorderen Stoßfängers zur Beatmung der Maschine. Von der ursprünglichen war nur noch der Rumpf geblieben, gekrönt von einem neuen Kopf,

der im Gegensatz zur Saugversion Teile der Brennräume aufgenommen hatte. Innen belüftete Bremsscheiben ringsum sorgten für angemessene Verzögerung, und auch das Umfeld der 15-Zoll-Räder war auf das Mehr an Kraft eingerichtet worden. 1980 wuchs seine Leistung um sieben PS. Gleichwohl verblich der Turbo Mitte 1982 nach 12 356 Exemplaren.

Geschichte waren zu diesem Zeitpunkt bereits ein paar spektakuläre Sonderlinge der 924-Familie, die beiden Editionen anlässlich der Porsche-Championate 1976 und des Le-Mans-Einstands des Modells anno 1980 ebenso wie der Carrera GT von 1979 mit seinen 210 PS und dessen Wettbewerbs-Varianten GTS (245 PS) und GTR (375 PS) in zusammen 76 Einheiten zwischen Dezember 1980 und März 1981.

Bei grundsätzlicher Identität unterscheidet sich der 210 PS starke 924 GT vom Turbo beim ersten Hinsehen vor allem durch den Lufteinlass auf der Leichtmetall-Motorhaube. Er dient der Beatmung des Ladeluftkühlers.

MR K 909

D
MR K 909

Die Bugschürze und die verbreiterten Kotflügel vorn und hinten sind aus glasfaserverstärktem Kunststoff hergestellt, während die Türen aus Leichtmetall gefertigt sind. Alle GT haben Sportsitze mit Nadelstreifen-Design.

Hier ein 924 GTS, vom schwächeren Bruder GT äußerlich so gut wie nicht zu unterscheiden. Aber die Ähnlichkeit zum künftigen Volumenmodell 944 ist nicht zu verkennen.

Das Herzstück des 924 GTS: sein 245 PS starker Reihenvierzylinder mit dem Graugussblock des 924. Der Kurbeltrieb stammt vom 924 Turbo. Die stattliche Mehrleistung wird vor allem über einen großvolumigen Ladeluftkühler erreicht.

In der Geschichte des Transaxle-Typs Porsche 924 bilden die Versionen GT und GTS lediglich eine Fußnote. Aber sie leisten eine Menge für das Image von Modell und Marke.

Ein Kuriosum: Von der Idee bis zur Realisation des Porsche opus 928 mit seinem faktischen Erstauftritt beim Genfer Frühjahrssalon 1977 verstrichen neun, seine Präsenz auf dem Markt belief sich auf 18 Jahre.

Die Idee: ein ganz anderes Auto als den Elfer in die Welt zu setzen, als hierarchisch höher angesiedelte Ergänzung oder sogar als künftige Alternative zu diesem. Ein wasserumspülter V8 im Bug sollte mit der Hinterachse gemäß dem Transaxle-Prinzip kommunizieren, um die Gewichtsverhältnisse bestens auszuwuchten. Irrungen und Wirrungen stellten sich dazwischen, die Ölkrise, Meinungsverschiedenheiten der Bosse, ehe die Sache in einem Testprogramm sondergleichen in die Gänge kam, mit einem Mercedes 350 SL, einem Opel Admiral, drei Audi 100 Coupés sowie einem Jeep-ähnlichen Gefährt als harmlos-unverdächtigen Versuchsträgern für Teilbereiche des Neuen. Ab 1974 lief eine Flotte von 13 Prototypen aus, die auf der hauseigenen Prüfstrecke Weissach, in der Gluthitze Algeriens und der Eiseskälte des Polarkreises nach Herzenslust geschunden und brutalen Crashtests unterzogen wurden.

Seine Form löste Zustimmung, aber auch Naserümpfen aus: Er habe sich, wehrte sich Chef-Designer Anatole Lapine, eher dem Aspekt der Zeitlosigkeit als einer allzu flüchtigen modischen Schönheit verpflichtet gefühlt. Im massig-rundlichen Auftritt seiner Kreation bildeten sich allerdings auch die Deformationszonen ab, welche im Falle eines Falles den rigiden Wohntrakt abfederten. Nur mit 18 Prozent (911: 23 Prozent) des Gesamtgewichts schlug die Rohkarosserie zu Buche, da man in die beidseits feuerverzinkte Stahlblechschale Türen, Kotflügel und eine Motorhaube aus Aluminium eingelagert hatte.

Pedantische Kleinarbeit floss in das Fahrwerk ein, doppelte Querlenker und Federbeine vorn und die so genannte Weissach-Achse hinten, mit Längsschubstreben und unteren Querlenkern, Schraubenfedern und koaxialen Teleskopdämpfern. Die 240 PS des flachen (Gabelwinkel 90 Grad), kompakten (860 × 750 × 710 mm) und leichten (236 kg) V8 von 4474 cm^3 wurden durch Doppelgelenkwellen mit Längenausgleich an die Hinterräder weitergereicht.

1977–1995

1978 holte der Top-Porsche das begehrte Attribut „Auto des Jahres" nach Zuffenhausen. Nachdem seine Kompression 1979 von 8,5 auf 10:1 erhöht worden war, mochte er nur noch Superbenzin speisen. Im gleichen Jahr wurde ihm der 928 S zur Seite gestellt, der ihn mit dem Ende des Modelljahrs 1982 gänzlich ablöste. Sein Hubraum von 4664 cm^3 und geglättete Ansaug- und Auspufftrakte ermöglichten 300 PS, die 1983 noch einmal vor allem dank der LH-Jetronic von Bosch um zehn weitere PS überboten wurden. Mit 320 PS setzte der auf 4957 cm^3 vergrößerte Vierventiler des 928 S4 von 1986 diese Eskalation der Stärke fort, mit 330 PS der 928 GT anno 1989. Die Baureihe kulminierte 1991 mit dem GTS (5397 cm^3, 350 PS) und verblich 1995 nach 61 056 Exemplaren in Schönheit, mit ihr das Intermezzo der Frontmotor-Porsche. Die Revolution hatte nicht so richtig geklappt.

Mit besonderer Sorgfalt nehmen sich die Porsche-Techniker in der Entstehungsphase des 928 seiner Aerodynamik an.

Wie sich später herausstellt, ist der Luftwiderstandsbeiwert indessen nicht besser als bei mancher Limousine.

Letztes Wort in Sachen 928: der GTS. Jetzt mit 5,4 Litern Hubraum und 350 stämmigen PS ausgestattet, grenzt sich der finale 928 gegen seinen Vorgänger durch dezente Kotflügelverbreiterungen und 17-Zoll-Räder ab.

928 GTS
HU HW 817
04
10
PORSCHE ZENTRUM ASCHAFFENBURG

Der gemeinsame Nenner mit dem 911: Der 944, im Juli 1981 eingeführt, war ein Porsche, schnell, sicher, unbedingt alltagstauglich, haltbar und wertbeständig wie ein Juwel. Sogar bis zu 500 Litern Gepäck ließen sich mit auf die Reise nehmen, reichlich für zwei, wenn auch unter dem riesigen gläsernen Heckdeckel nackt vor einer notorisch neugierigen Umwelt ausgebreitet.

Aber er zählte zu dem so überaus vernünftigen Transaxle-Genre, mit einem wassergekühlten Vierzylinder vorn und Getriebe und Radantrieb bei der Hinterachse, verbunden durch ein starres Rohr mit einer „schnellen Welle" darinnen. Daher gingen ihm ein wenig das Charisma und das Prestige ab wie schon dem kleineren Bruder 924. Von diesem hatte man Bodengruppe und Aufhängung übernommen, mit Querlenkern und McPherson-Federbeinen vorn, Schräglenkern und quer liegenden Drehstäben hinten und Stabilisatoren an beiden Enden. Energische Impulse für seine Linie kamen vom 924 GT. Auch sein Leichtmetalltriebwerk mit zunächst 2479 cm^3 und 150 PS wurde keineswegs auf einem weißen Blatt Papier geboren. Es handelte sich praktisch um den halbierten V8 aus dem 928, dem die PS-Zauberer zu Weissach mit zwei per Zahnriemen angetriebenen Ausgleichswellen gepflegte Manieren beigebogen hatten. Seine großen Brennräume waren im Übrigen wie geschaffen für Entgiftungsmaßnahmen, wie sie etwa die Gesetze des wichtigen Exportlandes USA einforderten. Gebaut wurde es in Stuttgart und dann nach Neckarsulm spediert, wo der 944 in den Audi-Werkshallen Gestalt annahm.

1985 stellte sich Familienzuwachs ein in Gestalt des 944 Turbo, der mit Abgaslader, Ladeluftkühlung und trotz Katalysator 220 solide PS leistete, erkennbar etwa durch im Windkanal optimierte Front- und Heckspoiler. Der Stoffwechsel des 944 S (190 PS, 228 km/h) ab August 1986 vollzog sich über einen Vierventilkopf mit zwei oben liegenden Nockenwellen. Ebenfalls 1986 bekam der 944 Turbo im Rahmen des ADAC Supercups eine eigene Rennserie, ab 1987 mit einem 250-PS-Aggregat, das im November jenes Jahres auch dem Serientyp in einer Auflage von 1000 zugänglich gemacht und 1988 endgültig übernommen wurde. Zur gleichen

Zeit wurden Hubraum und Leistung des Saugmotor-944 auf 2681 cm³ und 165 PS angehoben, während sich die Produktion der Entwicklungsstufe S2 mit 2990 cm³ und 211 PS bis auf die letzten Monate des Jahres verzögerte. Das Gleiche galt für eine schöne Cabrio-Version der Spielart S2, die erst im Januar 1990 verfügbar wurde.

Da hatte bereits das Sterbeglöcklein für den Einstiegs-944 gebimmelt, und insgesamt waren die Tage der Modellreihe gezählt. Denn der Vertrag mit Audi erlosch 1991, und die letzten 429 von 163 302 Porsche 944 verließen in Zuffenhausen das Band, während in einer Edition von 500 ein finales Sonder-Cabriolet bei ASC (American Sunroof Corporation) in Heilbronn das Licht dieser Welt erblickte, mit Turbo-Triebwerken, elektrisch betätigtem Verdeck und Klimaanlage.

Von der Saugversion unterscheiden den 944 Turbo ein aerodynamisch verbesserter Bugbereich und ein gewinkelter Zusatz unter der Heckschürze.

Mit ihr teilt er zum Modelljahr 1990 einen neuen Spoiler aus Kunststoff, am Rahmen der Heckklappe befestigt.

RÜD GG 10

Das 944 S2 Cabriolet – hier mit der optionalen opulenten Lederausstattung – ist ab Januar 1989 zu haben. Die für die offene Version erforderlichen Eingriffe nimmt die Firma ASC in Weinsberg vor.

Das neueste Exponat auf dem Porsche-Stand bei der IAA 1983 war sichtlich ein Elfer und trug wie zur Bekräftigung den vollen Traditionsnamen Carrera. Und doch handelte es sich in vieler Hinsicht um ein anderes Auto. Das begann mit dem Triebwerk: Seinen 3164 cm^3 Hubraum, vor allem möglich gemacht durch die Verwendung von Aluminium für die Zylinder statt dem Grauguss der Gründerjahre, lag ein um vier Millimeter erweiterter Hub zugrunde. Es setzte nun 231 PS frei. Dazu trugen allerdings auch weitere Faktoren bei, etwa die Bosch-Motronic, die mit einem elektronisch gespeicherten Kennfeld einen gleichbleibend runden Motorlauf überwachte, die optimale Verdichtung von 10,3:1, das Resonanz-Ansaugsystem sowie eine Abgasanlage mit relativ geringem Gegendruck. Der schrittweise zur Reife entwickelten, aber deftig aufpreispflichtigen Katalysatortechnik begegnete die leistungshungrige 911-Klientel mit zähem Desinteresse, da sie anfänglich 24 und später immer noch 14 PS erdrosselte. Das Fünfganggetriebe war geschmeidig auf das neue Motorprofil abgestimmt worden, und mit ins Paket geschnürt hatte man um 3,5 mm breitere Bremsscheiben, größere Bremskolben hinten sowie den Bremskraftregler aus dem 928 S.

Erkennen konnte man die jüngste Carrera-Generation am neuen Bugspoiler, aus dem liegend rechteckige Nebellampen hervorschauten, den Leichtmetall-Gussfelgen mit fünf Löchern im „Telefondesign“ und dem Schriftzug Carrera auf dem hinteren Deckel. Wahlweise gab es das Coupé im breiten Turbo-Look, inbegriffen das Fahrwerk des 930 und sein voluminöser Heckflügel. Die Targaversion und das Cabriolet, das sich inzwischen als Renner entpuppt hatte und für die Hälfte der Produktion von insgesamt 74 026 aufkam, zogen 1985 nach.

Ein Jahr später vollzog sich das Öffnen und Schließen des Verdecks am Cabrio auf Wunsch und gegen 4000 Mark Mehrpreis in 30 Sekunden vollautomatisch, und im Modelljahr 1987 hatte das hintere Leuchtenband zwei Nebellampen statt der einzelnen bislang unter dem Stoßfänger aufgenommen. Vorne rollte der Carrera auf Reifen des Kalibers 195/65 (vorher 185/70) VR 15, 1989, im Jahr seines Abschieds, sattelte man noch einmal drauf mit ZR-Reifen des Formats 205/55 (6J×16) und hinten 225/50 (8J×16).

1983–1989

1987 feierte man das erste Vierteljahrhundert des Elfers mit einer Jubiläums-Edition in Diamantblau-Metallic. Im gleichen Jahr ließ auf der IAA, wie einst vor allem auf dringliche Anfragen aus den USA hin, der in Rot gehaltene Prototyp eines Speedsters den Puristen den Mund wässern. Zu haben war er allerdings erst zwei Jahre später nach ein paar kräftigen Retuschen in 2102 Exemplaren, abgeleitet vom Standard-Carrera, zumeist aber im stämmigen Turbo-Look und auf dem 930-Chassis. Auch der Anhänger der reinen Lehre hatte man inzwischen gedacht mit asketischen Elfer-Seitenlinien wie dem 911 SC/RS von 1984 (2994 cm³, 255 PS in der Straßenversion) oder dem Carrera Clubsport (1987) in seiner nicht weniger dürren Unwirtlichkeit.

911 Carrera 3.2

Castrol
RS
Erstbefüllung:
Shell TMO

Der Carrera 3.2 läutet ab 1983 die Renaissance eines großen Namens ein. In Verbindung mit dem neuen Bugspoiler sorgt, allerdings als Zubehör, ein großer Heckflügel für eine bessere Fahrstabilität.

Die jüngste Metamorphose des Elfers ist nach außen hin durch in die Bugschürze eingelassene Nebelleuchten, markante Felgen aus Leichtmetallguss sowie den Schriftzug Carrera am Heck zu erkennen.

RD RS 911

Das Cabrioverdeck der offenen Version stellt nach Form, Funktion und Bedienung ein Optimum dar. Eine raffinierte

Dreispriegeltechnik mit 50 Prozent
Festdach in geschlossenem Zustand
macht es ungewöhnlich stabil.

In diesem Carrera Cabriolet vom April 1984 in Grand Prix Weiß, einem der ersten mit 3,2 Litern, finden sich noch Gemeinsamkeiten mit dem SC wie etwa die Sitze. Das Dreispeichen-Sportlenkrad steht bei beiden auf der Extraliste.

Der Targa ist inzwischen zum Klassiker geworden und kann sich selbst gegen die Konkurrenz des bügelfrei offenen Cabriolets behaupten. Beide rollen ab Baujahr 1988 auf breiteren geschmiedeten Felgen mit entsprechenden Pneus.

targa

Hinter dem Targa-Bügel gab es ursprünglich ein Heckfenster aus PVC mit umlaufendem Reißverschluss. Später hatte der Kunde die Wahl zwischen diesem und der fest eingebauten Heckscheibe aus Sicherheitsglas, die schließlich die PVC-Lösung ganz ersetzte.

Elfer-Fahren in seiner schönsten Form: Das Verdeck des Speedsters – hier ein Exemplar im Turbo-Look – hat keinen Stoffhimmel und nimmt daher in gefaltetem Zustand nicht so viel Platz ein. So verschwindet es unter einer klappbaren Kunststoffabdeckung von der Bildfläche.

Da sich dem vollendeten Hörgenuss im Speedster weniger Stoffliches entgegenstellt als in allen anderen Elfern, teilt sich den Insassen die Melodik des Sechszylinders noch intensiver mit.

Er war das Dream Car schlechthin, ein Ausbund hoher Technologie, in dem sich Bewährtes aus der Vergangenheit und Erstrebenswertes für die Zukunft zusammenfanden, alles vom Feinsten. Denn diesmal hatten sich die Ingenieure, sonst eingeklemmt von Sachzwängen, dem Rotstift des Kalkulators und der Notwendigkeit, in einem Preisgefüge eine bestimmte Position zu behaupten, auf der Spielwiese ihrer Träume tummeln und ein Füllhorn von Ideen über dem Modell mit dem schlichten Namen 959 ausschütten dürfen.

Er sollte gewissermaßen zum König des Elfer-Volks gesalbt werden, teilte mit der Basis indessen nur noch die ungefähren Konturen und ein paar Parameter.

Im Hinblick auf Geschwindigkeiten jenseits der 300 km/h und die Optimierung des Abtriebs war die vertraute Form einer stationären Behandlung im Windkanal unterzogen worden, die den Luftwiderstandsbeiwert auf 0,32 (frühe 911: 0,40) absenkte. Eine tempoabhängige Niveauregulierung mit einem elektronisch geregelten Hydrauliksystem stimmte den Abstand zur Fahrbahn auf die obwaltenden Strömungsverhältnisse ab, sorgte aber auch dafür, dass der 959 etwa beim Überfahren eines „schlafenden Polizisten“ keinen Schaden nahm. Überall hatte man Gewicht gespart, mit einer tragenden Struktur aus Stahl, Türen und vorderer Haube aus Aluminium, der rundlich geglätteten Frontpartie aus Polyurethanschaum, dem Rest aus Epoxydharz, mit Glasfaser verstärkt.

Und allenthalben holte Renn-Technologie das Beste aus der reichhaltigen Erfahrung des Hauses auf der Piste in den ansonsten luxuriösen Premium-Porsche für die Straße herüber. Dazu zählten die Aufhängung vorn und hinten mit Doppelquerlenkern sowie je einem Federbein und einem parallelen Dämpferbein pro Rad. Für 450 PS machte sich der 2,85-Liter-Boxer des 959 stark. Wasser umspülte die von je zwei Nockenwellen gekrönten Vierventilköpfe mit hydraulischem Ausgleich für das Ventilspiel, während die Zylinder das gewohnte Axialgebläse kühlte. Sein breites Drehzahlband verdankte der geflügelte Straßen-Sportler einer Register-Turboaufladung: Im unteren Bereich blieb der eine Lader in Lauerstellung, beim energischen Tritt aufs Gaspedal

beschickten alle beide die sechs Verbrennungseinheiten. Kaum weniger subtil wirkte der elektronisch gesteuerte variable Vierradantrieb des 959, dessen Ur-Kraft den mit Denloc-Sicherheitsreifen von Dunlop beschuhten Magnesiumrädern nicht einfach zu gleichen Teilen, sondern individuell den Fahrbedingungen gemäß zugemessen wurde.

Zur Diskussion stellte Porsche das Mega-Mobil 959 bei der IAA im Oktober 1983 als Studie „911 Gruppe B". Da noch viel zu tun war, lief die Auslieferung des fertigen Produkts – es blieb bei 283 Exemplaren – erst im März 1987 an. Ein gefundenes Fressen für Boulevardpresse und Stammtisch – neben seiner Klientel, die sich hauptsächlich aus den so genannten Reichen und Schönen rekrutierte – war vor allem sein Preis von 398 000 Mark. Er deckte nicht einmal die Kosten.

Mega-Porsche 959: Hinter gleitenden und fließenden Linien und im trügerischen Gewand schnurrender Sanftmut verbirgt sich ein automobiler Extremist, die ultimative Ausformung des Themas 911.

F MA 889
05
10

F MA 889
05
10

F MA 889
05
10

Im 959 wird die aktuelle Turbotechnik auf die Spitze getrieben. Zwei Turbolader mit elektronischer Ladedruckregelung und Ladeluftkühlern besorgen seine Zwangsbeatmung. Seine Zuverlässigkeit verdankt der Sechszylinder nicht zuletzt seinen wassergekühlten Vierventilköpfen und dem luftgekühlten Motorblock.

Auch das Cockpit mag seine Nähe zum Ausgangsprodukt 911 nicht verleugnen. Die Vorwahl für den Allradantrieb wird über einen Lenkstockschalter vorgenommen. Geschmackvoll designt: das hochlehnige Sportgestühl mit den Hosenträgergurten.

Irgendwie bildete sich das evolutionäre Prinzip hinter dem Modell in der Paradoxie der nackten Zahlen ab: Auch der 964, bereits 1984 im Planungsstadium, aber erst Ende 1988 in der Produktion, war ein 911, nur dass 25 Jahre Fortschritt in ihn eingepflegt worden waren. Vom Vorgänger trennte ihn ein Quantensprung. Nur 15 Prozent von dessen Bausubstanz blieben erhalten. Der eigentliche Innovationsschub jedoch schlug sich in der Ziffer 4 hinter dem Traditionsnamen Carrera nieder. Sie stand für seinen permanenten Allradantrieb, wie er sich bei der schwierigen Rallye Paris–Dakar 1984 bewährt hatte. Ein mittleres Differential maß zwei weiteren an den beiden Achsen die Kraft des Boxers im Verhältnis 31 zu 69 zu. Stellte einer der vier ABS-Radsensoren Schlupf fest, vermittelten zwei elektronisch-hydraulisch gesteuerte Lamellenkupplungen das überschüssige Drehmoment an die anderen Rädern weiter. Die Verbindung zwischen dem Ausgang des Getriebes und dem vorderen Differential wurde durch eine Welle in einem tief angesiedelten massiven Rohr hergestellt.

Die Revolution im Souterrain zeitigte diverse zum Teil gravierende Umbauarbeiten. Die Drehstäbe wichen Schraubenfedern. Der Gepäckraum schrumpfte um acht auf 76 Liter. Der Motor, bislang leicht geneigt, war nun senkrecht installiert, um der Transaxle-Welle ein Gelenk zu ersparen. Da geriet es fast zur Nebensache, dass sein Volumen bei 100 mm Bohrung und 76,4 mm Hub auf genau 3600 cm^3 vergrößert worden war und er durch Doppelzündung befeuert wurde. Seine Leistung war bei 250 PS angelangt und verlangte somit nach mehr Abtrieb am Heck. Um die schöne Elfer-Linie nicht zu verschandeln, entschied man sich für einen beweglichen Spoiler hinter der Heckscheibe, der sich bei Tempo 80 in den Fahrtwind reckte und bei zehn km/h demütig in den Ruhestand zurückkehrte. Im Herbst 1989 stellte man dem Vierradler den Carrera 2 (als Coupé, Cabriolet und Targa) zur Seite. Mit ihm kam wahlweise die Tiptronic, die dem 964-Piloten mit den Optionen automatische Kraftübertragung in der gewohnten Form, Steuern des Schaltvorgangs mit dem Gaspedal oder blitzschnelles manuelles Schalten durch Antippen eines Wählhebels an die Hand ging.

63762 Elfer der Baureihe 964 bis 1994 bewiesen, dass selbst das Besondere zur Norm werden kann. Wer sich dieser entziehen wollte – und konnte –, war wie immer gut bedient. Da waren der Carrera RS, im Oktober 1990 in Birmingham vorgestellt, 40 mm tiefer, zehn PS stärker, 180 kg leichter, sowie 1992 der RS 3.8, der bei 6500/min 300 donnernde PS aus 3746 cm^3 gebar. Da waren der Top-Typ Turbo, in der Variante 964 anno 1990 in Genf eingeführt, wo zwei Jahre später für die Nimmersatte auch der Turbo S debütierte, 180 kg leichter und mit 380 PS um 60 PS stärker. Nur 20 PS weniger bot, im Herbst 1992 in Paris enthüllt, die Standard-Version auf, nunmehr auch mit 3600 cm^3. Da war schließlich, ab Oktober jenes Jahres gebaut, die Neuauflage des Speedsters, wie der vorige meist im Turbo-Look. Die schwache Verbreitung von 930 sicherte ihm nachhaltig die gebotene Exklusivität.

Der Aufbau des Carrera RS ist gegenüber dem normalen 964 um 40 mm abgesenkt. Er rollt auf 17 Zoll großen Cup-Rädern aus Magnesium. Sein Rennfahrwerk verträgt sich am besten mit topfebenen Fahrbahnen.

Schon aus Gewichtsgründen gibt sich sein Interieur ungemein sportlich. Davon zeugen bereits die knapp anliegenden Schalensitze sowie das kleine Vierspeichenlenkrad mit 360 mm Durchmesser.

RECARO
RECARO

Dieser RS ist mit einer auf Wunsch gelieferten Sicherheitsausstattung für den Einsatz in der Gruppe N-GT präpariert: Überrollkäfig, Sechspunktgurte, Feuerlöschsystem sowie Ballerie-Notschalter.

Auch der 964 Targa fährt den Heckbürzel aus, der diese Elfer-Evolutionsstufe kennzeichnet. Ansonsten besteht, wie üblich, ebenfalls weit gehende Identität mit dem Coupé, nur dass diese Karosserievariante nicht ganz so verwindungssteif ist.

targa

targa

Einladung zum Einsteigen: Der Targa bietet praktisch die Vorzüge des Offenfahrens, ohne dass seinen Insassen der Fahrtwind um die Ohren pfeift. Dem Cabriolet hat er überdies ein Mehr an Sicherheit voraus, vorausgesetzt, man schnallt sich an.

HD MG 964

Allzeit breit: Visuell stark, in pausbäckiger Virilität, kommt dieses 964 Cabriolet im Werks-Turbolook daher. Den Anhängern der reinen Elfer-Lehre geht dieser Auftritt allerdings gegen den Strich.

Karosserie und Fahrwerk stammen vom 911 Turbo, unter der hinteren Haube haust kompakt und verlässlich der 3,6-Liter-Saugmotor, der sich mit seinen 250 PS ja auch schon nicht gerade lumpen lässt.

Mit dem Elfer von der Stange teilt diese Variante überdies den beweglichen hinteren Spoiler. Er wird ab 80 Stundenkilometern automatisch ausgefahren, kehrt unterhalb von zehn wieder in die Ruhestellung zurück, kann aber auch von Hand ausgefahren werden.

KA XX 964

Während des Modelljahres 1993 wird eine zweite Serie von Speedstern in der normalen Breite von 1652 mm hergestellt.

Basis ist der Carrera 2 Targa. Da dessen Bügel relativ wenig tragende Funktion zufällt, ist der Speedster fast ebenso rigide.

BO R 65

BO R 65

Auf dem Pariser Salon im Herbst 1992 vorgestellt, setzt der 911 Turbo 3.6 neue Maßstäbe. Sein Antrieb basiert auf dem 3.6-Liter-Triebwerk des Carrera 2, leistet 360 PS und hält zwischen 2400 und 5500/min 450 Nm bereit.

Porsche 911 (964)

Visuell bleibt der Turbo 3.6 gegenüber seinem Vorgänger mit 3.3 Litern unverändert bis auf neue 18-Zoll-Räder. Muskulöse Kotflügelverbreiterungen und der große Heckflügel signalisieren Stärke und Kompetenz.

Seit dem Spätsommer 1991 als Coupé wie auch als Cabriolet auf dem Markt, war er dem 944 wie aus dem Gesicht geschnitten. Und dennoch steckte im 968 die geballte Erkenntnis von zehn weiteren Jahren. Im Übrigen sollte dem Kunden spürbar mehr Porsche-Identität fürs Geld geboten werden. Das Kalkül ging auf, bewiesen durch eine Verbreitung von 11 245 bis 1995 – mitten hinein in eine Zeit abschwingender Konjunktur für die Frontmotor-Modelle der Marke.

Fast unverändert wurde die Plattform des Vorgängers übernommen. Das sportlich-kommod ausgelegte Fahrwerk, McPherson-Einzelradaufhängung und untere Dreiecklenker vorn, hinten Schräglenker mit quer liegenden Drehfederstäben, verhieß und erbrachte ein erstaunlich problemfreies Fahren. Der 968 klebte förmlich am Boden.

Um einen alten Bekannten handelte es sich auch bei dem seidig laufruhigen Vierventiler mit drei Litern Volumen, mit dem Porsche-spezifischen System VarioCam zur Verstellung der Steuerzeiten für die Einlassnocken auf den letzten Stand der Dinge gebracht. Auf 240 PS belief sich nun seine mit unaufgeregter Selbstverständlichkeit bereitgestellte Leistung, bei einem von 280 auf 305 Nm gesteigerten Drehmoment. Via Transaxle an die Hinterräder vermittelt wurde das alles durch ein Sechsganggetriebe oder die speziell auf den 968 hin entwickelte Tiptronic, mit der sich im manuellen Modus die Fahrstufen durch Antippen eines Wählhebelchens im Bruchteil einer Sekunde einlegen ließen.

Beispielhaft nicht zuletzt wegen seiner segensreichen Auswirkungen für den Verbrauch war der geringe Luftwiderstandsbeiwert von 0,34 (Coupé). Aus stärker gerundeten vorderen Kotflügeln starrten große, runde Hauptscheinwerfer auch im Ruhestand sichtbar in den Himmel. Das Paar der Stoßfänger war optisch wie faktisch in den Aufbau eingebunden, die Bugpartie aus stoßfestem Polyurethan, mit elastischem Speziallack überzogen, und auf der gläsernen Heckklappe hockte hinten ein dezentes Flügelchen. Am Cabriolet mussten nur noch das Ent- und Verriegeln des elektrischen Verdecks per Hand erledigt werden. Im Modelljahr 1993 kam man den sich mehrenden Kundenwünschen nach mehr Vielfalt durch zwei 968-Seitenstränge entgegen. Da

war zum einen, etwa durch das Fehlen von Servomotoren für Fensterheber und Sitzverstellung, schwerer Dämmmatten und des Airbag-Systems sowie die Unterbringung der Passagiere in Schalensitzen aus Kunststoff um einen Zentner erleichtert, der 968 CS (Clubsport). Da auch das rudimentäre hintere Gestühl ausgebeint worden war, verfügten die im CS Reisenden über ein willkommenes Mehr an Ladekapazität. Sein Minderpreis im Vergleich zum vergleichsweise üppig ausgestatteten Normal-Coupé reichte schon für einen netten kleinen Zweitwagen. Und da war das mit 175 000 Mark doppelt so teure 968 Turbo S Coupé, ein Zweiventiler mit 305 PS. Für den öffentlichen Straßenverkehr wurden nur zehn zugelassen.

Der 968 ist sofort als Coupé und, mit versteifter Karosserie, als Cabriolet verfügbar. Das hochwertige

elektrische Verdeck der offenen Version bedarf nur noch beim Ver- und Entriegeln der Handarbeit.

Wie beim 928 verschwinden die runden Scheinwerfer des 968 im Ruhestand von der Bildfläche. In ihnen werden Reflektoren mit variablem Brennpunkt verwendet, um die Lichtausbeute zu verbessern.

PORSCHE
DA EZ 968
04
10
www.porsche-club-968-deutschland.de

PORSCHE

RECARO

HG WW 968

Der 968 CS steht ab 1992 in der Tradition der abgemagerten Zuffenhausener Sportversionen. Da die Reduktion an Gewicht mit dem Verzicht auf Komfort Hand in Hand geht, ist er auch preisgünstiger.

Zur Serienausstattung des CS zählen 17-Zoll-Räder im Cup-Design. Sie sind stets in Wagenfarbe lackiert.

Im Inneren wird das Bild beherrscht von Schalensitzen, die bei geringem Gewicht festen Halt gewähren.

968 CS
PORSCHE

D
BB X 968
04
10
turbo S

In Gestalt des 968 Turbo S entsteht 1993 in der Porsche-Rennfiliale in Weissach in einer Kleinserie der stärkste Vierzylinder. Bei der Aufbereitung seines Triebwerks gibt man dem Zweiventilkonzept den Vorzug.

Dem 968 Turbo S mit seinen 305 PS und 500 Nm maximales Drehmoment müssen selbst die meisten anderen Porsche-Modelle den Vortritt lassen. 280 km/h wie dieser läuft nur der Turbo, 275 der 928 GTS, 260 der Carrera.

Vier Jahre Vorbereitung und eine Investition von 400 Millionen Mark waren in ihn eingespeist worden, wie er da im Herbst 1993 auf der Frankfurter IAA Lust auf Porsche machte. 993 – das war das letzte Wort in Sachen 911, und wie immer mochte der Neue seine eigene Identität schon visuell nicht verleugnen, mit einem flacheren Profil der vorderen Kotflügel, steileren und wie die Seitenscheiben bündig in ihre Umrahmung eingelassenen Scheinwerfern, Stoßfängern, die sich glatt und übergangslos in den Aufbau schmiegten, einem breiteren Hintern und Leichtmetallrädern im Fünfspeichendesign.

Die äußere Innovation spiegelte die innere wider, etwa in Gestalt der Multilink-Hinterachse mit Fahrschemel, die den einst so cholerischen Übersteuerer 911 endgültig zu einem gutmütigen Gesellen läuterte, oder des letztmalig luftgekühlt heisernden Boxers mit nach wie vor 3600 cm^3, aber aus einer umfassenden Verjüngungskur beispielsweise mit einem automatischen Ausgleich des Ventilspiels mit 272 kerngesunden PS hervorgegangen. Im Modelljahr 1996 kamen 13 weitere dazu.

Ein Jahr ließ das Cabriolet auf sich warten, dessen elektrisches Verdeck in lediglich 13 Sekunden den Zugang zum Universum eröffnete, und auch der Carrera 4 lebte auf. Eine vergleichsweise simple Visco-Kupplung hatte die Stelle des zentralen Differentials eingenommen und erkannte das Drehmoment des Sechszylinders den Umständen gemäß zu, in der Regel jedoch zu fast 100 Prozent den Hinterrädern. Angenehme Begleiterscheinungen: die Verschlankung um einen Zentner, 50 Prozent weniger Reibungsverlust bei der Kraftübermittlung, 5000 Mark Minderkosten gegenüber dem Vorgänger. Mit dieser Lösung bekam auch das Alpha-Tier im Porsche-Rudel, erstmalig gezeigt beim Genfer Salon im März 1995, seine unbändige Kraft in den Griff – der Turbo der vierten Generation. Zwei kleine KKK-Lader hatten ihn auf 408 PS bei moderaten 5750/min erstarken lassen, mit einem maximalen Drehmoment von 540 Nm bei 4500/min. Im selben Jahr platzierte man auf der Show in Amsterdam in die Lücke zwischen dem Macho-Modell und dem Carrera 2 den kargen Carrera RS, mit einem auf 3746 cm^3 aufgebohrten VarioCam-Triebwerk von 300 PS und durch geeignete Maßnahmen um 100 kg erleichtert.

1993–1998

Ein ähnlicher Weg wurde 1995 mit dem Carrera 4S beschritten. Er betraf indessen vor allem dessen Erscheinungsbild, da dem Vierradler mit dem Saugmotor des Standard-Carrera das 18-Zoll-Fahrwerk und weitgehend auch den Aufbau des Turbo, allerdings ohne dessen Heckleitwerk, anverwandelt wurden. Einer ähnlichen Kur wurde der hinterradgetriebene Carrera S von 1996 unterzogen. Keinerlei Kompromisse gab es indessen mit dem GT2 von 1995, Basis für den Sport, mit einem noch größeren Flügel, noch breiteren Rädern, noch geräumigeren Kotflügeln und anfänglich 420 und später 450 PS. Im gleichen Jahr, wieder in Frankfurt, rundete ein neuer Targa mit einem gläsernen Dachpavillon die Palette ab, dessen Topteil bei Bedarf elektrisch unter die Heckscheibe geschoben wurde.

D
FB
Sportwagen Scheller
PORSCH

911 03 11
UM GIESSEN 0641/98222-0

Die vertraute Elfer-Silhouette wurde umfassend überarbeitet. Flacher und glatter gibt sich die Front des 993, stämmiger das Hinterteil. Die Dachblende nimmt das in einigen Ländern vorgeschriebene und in Deutschland optionale Bremslicht auf und verkürzt visuell die Heckscheibe.

FB JU 911

Dem klassisch-vertraut eingerichteten Cockpit hat man ein neues Lenkrad spendiert. Die Boxermaschine in ihrer schlichten Schönheit, nun bei 272 PS und einem maximalen Drehmoment von 330 Nm bei 5000/min angelangt, wurde im Lauf der Jahrzehnte immer mehr verhüllt.

SEKURIT
SAINT - GOBAIN
43 R - 001026
E1
DOT27 M25100 AS2

Aus dem Baukasten komponiert ist der Carrera S, mit dem Fahrwerk und der breiteren Karosserie des Turbo, aber dem beweglichen Spoiler des Normal-Elfers. Das in Wagenfarbe gehaltene Kühlluftgitter ist zweigeteilt.

Das Modell rollt auf 17-Zoll-Leichtmetallrädern im Cup-Design, deren Wärmeabgabe verbessert worden ist. Optisch wirken sie – wie die Gesamterscheinung des 993 – weicher und gerundeter.

Der 911 GT2 kennt keine Kompromisse und auch keine Gnade etwa mit Fahrfehlern seiner Lenker. Ursprünglich mit 430 und später mit 450 PS bewaffnet, dient er als Straßenversion der Homologation für den Rennsport.

Breiten-Sport: Aufgeschraubte Kotflügelverbreiterungen aus Kunststoff schaffen den nötigen Mehr-Raum für die dickeren Räder des GT2. Die Flügelneigung des festen Heckspoilers lässt sich einstellen.

Nackt zu Tage tretende Sportlichkeit herrscht auch im Inneren des GT2. Unter dem riesigen Ladeluftkühler lugt indessen verschämt hervor, was sich absolut nicht zu verstecken braucht – der potente Sechszylinder.

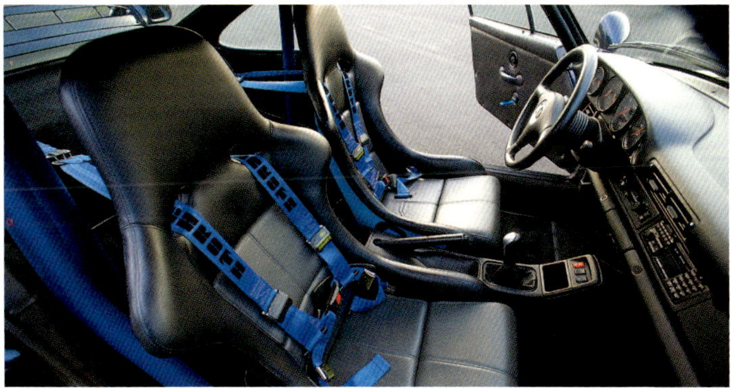

Eigentlich war er ein reinrassiges Renngerät, gleichsam aus der wilden Freiheit von Le Mans und Laguna Seca direkt in das straff geregelte Chaos des Verkehrs auf öffentlichen Straßen abgedriftet. Sein Alibi: Mindestens ein ziviles Exemplar mit dem Segen der zuständigen Behörden musste vorgelegt werden, damit ihm und seinesgleichen Zutritt zum internationalen GT-Championat gewährt wurde. Da es abseits der Bänder richtig teuer wird, kostete der GT1 satte 1,5 Millionen Mark. Schon das dampfte seine Klientel auf einige wenige Glückliche ein, 21 an der Zahl.

Am 24. Juli 1995 winkte der Vorstand das Projekt durch. Am 14. März 1996 gab Jürgen Barth dem fertigen Produkt auf dem Porsche-Versuchskurs Weissach zum erstenmal die Sporen. Am 16. Juni jenes Jahres schienen Rang zwei und drei in Le Mans eine glückliche Zukunft zu verheißen, ein Versprechen, das der GT1 nur bedingt einlöste, trotz des Sieges 1998 bei dem Sarthe-Klassiker. Die Vorgaben, die Projektleiter Norbert Singer und Horst Reitter etwa dem Designer Anthony R. Hatter mit auf den Weg gegeben hatten, verlangten nach einer Ähnlichkeit zum aktuellen 993. Von diesem ließen sich in der Tat vage Konturen ausmachen, und ein Stück Carrera, verstärkt durch einen robusten Überrollkäfig, fand sich auch mit dem Vorderwagen. Hinter einem Querschott im Anschluss an den Passagierraum folgte jedoch ein Röhrengebälk, das Mittelmotor, Hinterachse und Sechsganggetriebe aufnahm. Die Räder wurden an doppelten Querlenkern mit Feder-/Dämpfereinheiten von Bilstein und Pushrods hinten geführt.

Die tragenden Teile der grotesk zerklüfteten Karosserie waren aus Stahlblech gefertigt, ihre äußeren Elemente wie die federleichten Türen aus einer Kunststoff-Melange von Kevlar, Kohlefaser und Epoxidharz. Über dem Heck wucherte ein einstellbarer Riesenflügel. Der 3,2-Liter-Boxer mit 544 PS, dessen Zylinderbänke und -köpfe jeweils in Dreierpacks zusammengegeben waren, nahm Motive der künftigen Serie vorweg und ermordete auch gleich ein paar heilige Kühe. Denn um die Thermik seiner filigranen Turbo-Technologie mit je zwei oben liegenden Nockenwellen und vier Ventilen pro Verbrennungseinheit in den Griff zu bekommen und, nicht zuletzt, um seine Geräuschemissionen zu mäßigen, gab man Wasserkühlung den Vorzug.

Über den Winter 1996/97 brachte man die Erfahrungen mit dem Extrem-Elfer der ersten Generation in den 911 GT1/97 ein, zum Beispiel mit neuer Vorderachse und breiterer Spur, während mit der Scheinwerferform des 996 („Tränensäcke") die Nähe zur Basis unterstrichen wurde. Ähnliche Leuchten fanden sich auch am 911 GT1/98, der ansonsten umfassend überarbeitet worden war. Zwei Zentner wurden abgespeckt, vor allem durch ein Kohlefaser-Monocoque als Rückgrat, das endgültig alle Spurenelemente der Serie aus dem vorderen Teil tilgte. Wie in der Formel 1 waren der Tank von dort in ein sichereres Plätzchen zwischen Cockpit und Maschine transplantiert und zugleich der Radstand von 2500 auf 2690 mm erweitert worden.

Die Väter des GT1 sehen ein Fahrzeug mit Mittelmotor auf der Grundlage des 993 vor, das bei perfekter Ausrichtung auf seinen Zweck noch immer als Elfer zu erkennen ist. Aber man muss schon genau hinschauen...

Im homogen wirkenden Erscheinungsbild des GT1 – hier die Straßenversion – findet sich eine veritable Material-Melange zusammen: tragende Elemente aus Stahlblech, Türen und Außenhaut aus einem Mix von Kevlar, Kohlefaser und Epoxidharz.

911 GT1

SPORT

Unter dem knappen Trikot geht es, wie stets in Rennfahrzeugen, eng zu. Was die Armaturentafel und die Anordnung des Zündschlüssels (natürlich links) anbelangt, findet der GT1-Pilot Vertrautes vor.

Ein Concept Car sondierte auf der Detroit Auto Show 1993 das Terrain. Als Mitte September 1996 bei den Porschehändlern 700 Vorführwagen ihre Aufwartung machten, lagen bereits 10 000 Blindbestellungen vor. Bald platzten die Kapazitäten in Zuffenhausen aus allen Nähten. Ab 1997 wurde ein Teil der Produktion zur Valmet Automotive Oy ins finnische Uusikaupunki ausgelagert, wo allein schon bis zum Modellwechsel anno 2004 109 213 Exemplare das Licht der Welt erblickten. So beginnen süffige Erfolgsgeschichten.

Boxster – das Wort war ein Verschnitt von Roadster und Boxer, und schon damit setzte sich der Neue programmatisch von den auströpfelnden Frontmotor-Serien der Marke ab. An vier Vorgaben hatten sich die Designer und Techniker ausgerichtet: Mittelmotor, möglichst viele Gleichteile mit den aktuellen Elfern, formale Anlehnung an die Sport-Ikone 550 Spyder, ein Maximum an Porsche-Anmutung. 70 mm länger und mit 143 mm mehr Radstand als der 911 (993), rollte der pummelig-aggressive Junior in der Tat auf dessen unwesentlich modifiziertem Fahrwerk daher. Die Mittellage der in ein Exil im Souterrain verbannten Maschine räumte gleich zwei Kofferabteile mit zusammen 245 Litern Volumen frei, und spätestens das optionale Aluminium-Hardtop wies den Boxster (Code 986) als Angebot für alle Gelegenheiten aus.

Dem fetten Mittelendrohr aber, einem Retro-Requisit, das an den Sebring-Auspuff des Spyders erinnerte, entströmte grollender Boxer-Belcanto, dargeboten von seinem wassergekühlten Sechszylinder mit 2480 cm³, einem Vierventiler mit einer Quadriga von Nockenwellen und VarioCam. Mit 204 PS wahrte er den Respektabstand zum Markenprimus 911 und sorgte gleichwohl für agile Munterkeit und 240 km/h Spitze. Im Zuge einer ersten Modellpflege wurde sein Hubraum 1999 auf 2687 cm³ vergrößert und die Leistung auf 220 PS erhöht, während das neue Schwestermodell Boxster S mit 3179 cm³ und 252 PS zur Sache ging. Im Juni 2002 stellte man den Medien in Grottaferrata bei Rom die nächste Evolutionsstufe mit 228 beziehungsweise 260 PS vor. Im Licht dieser Politik der Stärke war auch, 2004 in Detroit eingeführt, die Sonderedition des Boxster S „50 Jahre 550 Spyder" mit 266 PS zu sehen, sinnigerweise 1953 Einheiten und wie ihr illustrer Ahn vornehmlich in GT-Silbermetallic lackiert.

Zur Gelenkstelle in der Vita des Typs geriet der Pariser Salon jenes Jahres. Die Boxster-Lenker geboten nun über 240 respektive 280 PS, und die Fülle von Innovation schlug sich sogar in einem neuen Code nieder: 987. Sie umspannte zum Beispiel neue Scheinwerfer, längs in die Frontschürze ausgelagerte Nebelleuchten, vordere Kotflügel mit einer erhöhten Kammlinie und ein bulligeres Heck durch die schräg nach oben geführte Trennfuge. Längst nicht genug damit: Zum Modelljahr 2007 leistete das Aggregat des Einstiegs-Boxsters 245 PS und damit fast soviel wie einst der S, der seinerseits auf 3387 cm³ und 295 PS aufgerüstet hatte. Bis zu den magischen 300 PS war da kein weiter Weg mehr …

Das Antlitz des Boxsters der zweiten Generation nähert sich wieder dem aktuellen Elfer an, mit anders geformten Scheinwerfern, separaten Bugleuchten, vergrößerten Lufteinlässen und einer neu konturierten Fronthaube.

In lediglich zwölf Sekunden gewährt das elektrische Faltverdeck des Boxsters Zugang für Sonne und Wind oder sperrt diese nachhaltig aus. In geöffnetem Zustand verschwindet es rückstandsfrei hinter den Sturzbügeln.

Auch hinsichtlich seines Cockpits lehnt sich die Evolutionsstufe von 2005 an den 997 an. Hinter dem höhenverstellbaren Lenkrad halten drei leicht verschachtelte Rundinstrumente gedrängte Information bereit.

Wesentliche Einschnitte hat es bei der Gestaltung des Hinterviertels nicht gegeben. Allerdings wirkt das Heck des neuen Boxsters (Code 987) durch schräg nach oben geführte Trennfugen kraftvoller.

Schon in der Sammelnummer für die Mitarbeiter der Dr. Ing. h.c. F. Porsche AG ab Juni 1997 schlug sich das unverbrüchliche Bekenntnis zum Elfer nieder: 911-0. Der Elfer – das war ab der Frankfurter IAA jenes Jahres der Typ 996, und gleich drei mit der Patina der Tradition überzogene Grundsätze hatte man zum Sperrmüll der Geschichte gestellt. Zum Ersten teilte der jugendfrische Klassiker kostensparend 38 Prozent seiner Bauteile mit dem neuen Einstiegs-Porsche Boxster, etwa den kompletten Vorderwagen inklusive Kofferraum und das mäkelnd-kontrovers aufgenommene Leuchtenensemble („Spiegelei-Look") sowie die Türen. Zum Zweiten hatte ihn Chef-Stylist Harm Lagaay überall geglättet, die Windschutzscheibe flacher angeordnet, das Dach hübsch gerundet, die Seitenscheiben sanft gekrümmt und die Regenrinnen heraustranchiert. Der 996 war 185 mm länger und 30 mm breiter geworden, sein Radstand von den traditionellen 2272 auf 2350 mm gewachsen, alles Maßnahmen zum Wohle der Passagiere und der Dinge, die sie so mit sich führten.

Zum Dritten kühlte Wasser den Sechszylinder-Boxer, nun ein Vierventiler von 3387 cm³ und 118 mm Abstand zwischen den Zylindern, genügend Substanz für noch mehr Volumen in der Zukunft. Mit 300 PS mobilisierte er 15 PS mehr als sein Vorfahr mit 3,6 Litern im 993 (Drehmoment 350 Nm bei 4600/min statt 340 Nm bei 5250/min). Schaltsaugrohr und variable Steuerung für die beiden Nockenwellen der Einlassventile sorgten für energischen Durchzug und freie Atemwege bei hohen Drehzahlen. Zu ihrem Ergötzen wurden die Elfer-Fundamentalisten mit dem gewohnten heiseren Sägen beschallt, sensibel komponiert von über 50 Ingenieuren, die von Berufs wegen für den guten Ton zuständig waren. Munterer wurde der jüngste Carrera überdies durch einen Zentner Mindergewicht.

Wie gewohnt setzte hurtig die Ausweitung der Palette ein. Auf dem Genfer Salon 1998 folgte das Cabriolet, erneut aufgewertet durch zwei vorgespannte stählerne Überrollbügel und ein im Basispreis von 154 000 Mark einbegriffenes Hardtop aus Aluminium. Auf der Pariser Show im Herbst kündete eine titanfarbene 4 auf dem Heck vom Allradantrieb. Die Visco-Kupplung zur situationsgerechten Zuteilung der Kraft war indessen nicht länger dem Getriebe, sondern dem vorderen Differential zugeordnet, was etwa

die Option Tiptronic zuließ. Wiederum in Genf debütierte 1999 der GT3, im Heck einen Ableger des GT1-Triebwerks, allerdings ohne Aufladung, mit fünf Millimetern mehr Bohrung und zwei Millimetern mehr Hub, neuen Nockenwellen, VarioCam, auf 11,7:1 erhöhter Verdichtung und 360 PS stark.

Bis zur Frankfurter IAA ließ der geladene 996 bitten, auch sein mit 420 PS auftrumpfender Biturbo ein enger Verwandter des Le-Mans-Siegers von 1998 mit 3598 cm^3 wie der GT3, ansonsten im Carrera 4 wurzelnd. Speerspitze war gleichwohl, im Januar 2001 in Detroit erstmalig gezeigt, der 911 GT2 mit 462 PS und 620 Nm, mit dem Fahrwerk des GT3 und der durch größere Lader unter Druck gesetzten Maschine des Turbo.

Im Grunde genommen wird mit dem 996 das äußere Erscheinungsbild des Elfers auf elegante und flüssige Weise auf das breiter gewordene Fahrwerk abgestimmt. Fließender geht auch die Windschutzscheibe in das Dach über.

Das ungemein verwindungsresistente Cabriolet ist parallel zum Coupé entwickelt worden. Sein Verdeck öffnet und schließt sich in jeweils 20 Sekunden, was mit einem Schalter in der Mittelkonsole, per Funk über den Zündschlüssel oder durch weiteren Druck auf diesen im Türschloss ausgelöst werden kann.

F BK 601
D

F BK 601

Carrera

Carrera

Wieder kann der Heckflügel auch manuell aktiviert werden. Darunter ist es zu einem radikalen Bruch mit der Elfer-Tradition gekommen: Der Sechszylinder-Boxer mit vier Nockenwellen und 24 Ventilen verrichtet nun seine Arbeit von Wasser umspült.

Am Wohntrakt des 997 gibt es, auch optisch und haptisch, kaum noch etwas zu optimieren. Die Sitzverhältnisse hinten sind artenspezifisch beengt. Auffälliges Detail: der Wählhebel für die Tiptronic S mit ihren fünf Fahrstufen.

Nur wenig hebt sich das 996-Spitzenprodukt GT3 vom Ausgangsmodell ab, durch eine andere Bugpartie, eher unauffällige Seitenschweller, eigene 18-Zoll-Räder, Bremssättel in aggressivem Rot, einen starren Heckflügel.

GT3
BO R 48

Der 3,6-Liter-Boxermotor des GT3 leitet sich her vom wassergekühlten Triebwerk des Le-Mans-Siegers GT1. Mit seinen 360 PS im Nacken umrundet Walter Röhrl den Nürburgring in unter acht Minuten.

Im Bunde mit der neuen Frontschürze verringert der fest installierte krallenförmige Heckflügel des GT3 nicht nur den Auftrieb, sondern erzeugt sogar leichten Abtrieb, sechs Kilogramm bei Tempo 200, 13,5 bei 300 km/h.

Rund 80000 von 148501 Einheiten des Porsche 996 insgesamt waren ihren Besitzern zugeführt worden, da trug man dem anhaltenden Protest der Elfer-Gemeinde wegen der allzu deutlich sichtbaren Teil-Identität mit dem Boxster Rechnung und präsentierte 2001 auf der Frankfurter IAA eine liebevoll überarbeitete Version, zwei- wie vierradgetrieben. Ihr waren die Frontleuchten des Turbo anverwandelt, mithin fehlte der ärgste Stein des Anstoßes. Vom Wirken des Windkanals zeugten neue Schürzen, vorn mit anderen Lufteinlässen, hinten zweifach durchbrochen für anders geformte Auspuff-Endrohre.

20 Mehr-PS hatten sich gemäß dem klassisch-soliden Rezept über mehr Hubraum gewinnen lassen, 3596 cm^3 auf Grund des auf 82,8 mm vertieften Hubs. 80 Prozent des nach wie vor lustvoll sägenden Boxers waren neu. Vor allem war ihm die variable Steuerung der Einlassnockenwellen VarioCam Plus zugänglich gemacht geworden. All das bewirkte einen fülligeren Drehmomentverlauf mit einem Maximum von 370 Nm über das weite Feld zwischen 4000 und 5000/min. Vorsorgliches Rot drohte erst bei 7200/min. Mit neuen Stabilisatoren, geänderten Reifen auf 17-Zoll-Alufelgen und einer direkteren Lenkung schmiegte sich der 996 noch williger in die Hand des Fahrers.

Wieder im Angebot fand sich der 911 Carrera 4S mit dem Fahrwerk sowie dem muskulösen visuellen Auftritt des Turbo, aber ohne den markanten Heckflügel und die seitlich gähnenden Kanäle, die dessen Intercooler mit Luft beschickten. Fröhliche Urständ feierte überdies der Targa neuer Art, bei dem ein transparentes Dachmodul per Knopfdruck unter das aufklappbare Heckfenster geschoben wurde. Auf dem Genfer Salon 2003 erlebte der GT3 als sportlich gestählter Top-Carrera im aktuellen Gewand sein freudig begrüßtes Comeback. Unangetastet war sein Trockensumpf mit eigenem Öltank, und auch ohne Turboaufladung schwang sich der Sechszylinder zu drallen 381 PS auf, durch das Gaspedal per Fly-by-wire-Technologie abgerufen. Im Zaum gehalten wurden sie durch ein straffes, für Rennzwecke verstärktes verstellbares Fahrwerk mit perforierten Bremsscheiben im Pizzaformat von 350 mm, umklammert von roten Sätteln, vorn mit sechs und hinten mit vier Kolben. Mit Rest-Komfort wie elektrischen Fensterhebern und einer Klimaautomatik räumte im Herbst des Jahres der GT3-Extremist RS

auf, einen Zentner leichter und durch ein knalliges Logo über den Seitenschwellern ausgewiesen wie einst sein artverwandter Vorfahr Carrera RS 2.7.

Etwa um die gleiche Zeit stellten sich, dem Zug der Zeit zu mehr automobiler Offenheit folgend, Carrera 4S und Turbo als Cabriolet ein. Im September 2003 wurde auch der gründlich durchgeforstete GT2 verfügbar, mit den 483 PS seines Biturbo-Aggregats und 319 km/h der Schnellste im Bunde. Im August 2004 zog der Normal-Turbo als S-Variante mit größeren Ladern, 450 PS und serienmäßigen Keramikbremsen nach und qualifizierte sich mit schnurrenden 307 km/h Spitze für den exklusiven Club der Plus-300-Automobile.

Vor dem Beifahrersitz unterhalb des Airbags findet sich nun, lange dringlich gewünscht, ein abschließbares fünf Liter fassendes Ablagefach. Noch ausgeprägter war die Forderung der Elfer-Kamorra nach Scheinwerfern, die sich von denen des Boxsters unterschieden. Der 996 hat sie ab Modelljahr 2002, eine Spende von Turbo und GT2.

FB JP 911
FB JP 911

Carrera
FB JP 911
D
Porsche Zentrum Hofheim

Viel Sorgfalt wurde auf die aerodynamische Verfeinerung des Modells verwendet, vor allem im Umfeld von Front- und Heckschürze, Radhäusern und Lufteinlässen.

Ab Jahrgang 2002 wird das Heckfenster des Cabriolets aus biegsamem Vinyl durch eine heizbare Scheibe aus Sicherheitsglas ersetzt, was unter anderem seine Wintertauglichkeit aufwertet. Am meisten Freude bereitet es allerdings, wenn es gar nicht erst sichtbar wird.

DA D 2911

Das Cabrio der zweiten 996-Generation ist noch einmal torsionssteifer geworden, um elf Prozent. Verglichen mit dem Coupé wiegt es 80 Kilogramm mehr. Seinem Temperament aber tut das kaum Abbruch.

Carrera
DA D 2911

In das klassisch-unantastbare Cockpit mit modifizierter Instrumententafel und Konsole sowie Dreispeichenlenkrad ist der Fortschritt eingezogen, etwa in Gestalt eines Navigationsgeräts. Die digitale Geschwindigkeitsanzeige ist jetzt im analogen Tacho enthalten.

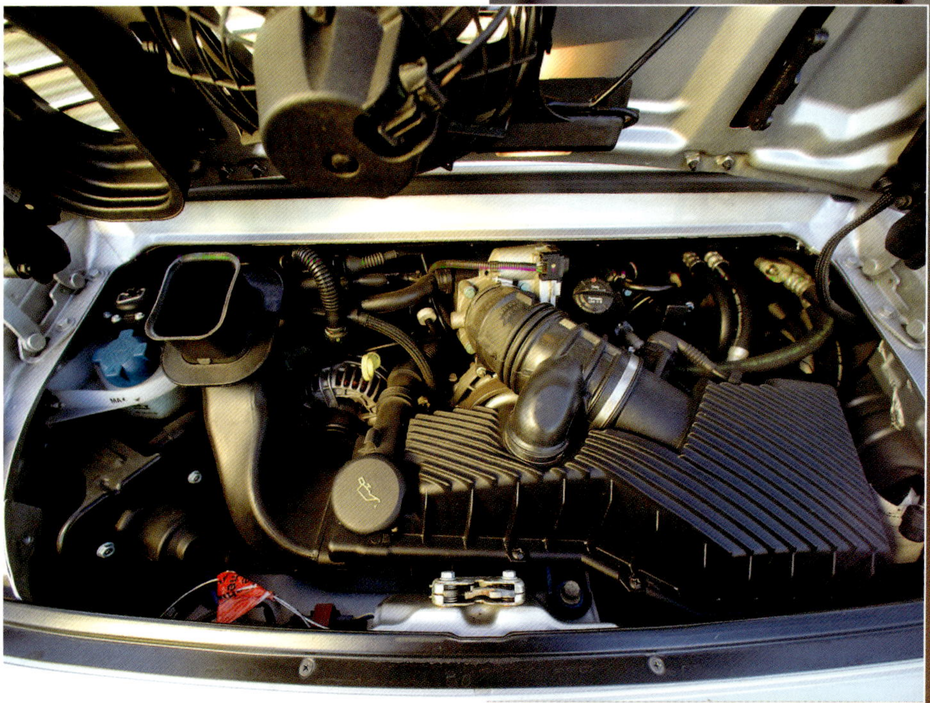

Große Klappe, viel dahinter: Nach vier Jahren Denkpause, in der die Mängel der ersten Ausführung ausgemerzt wurden, ist der Targa neuer Art wieder mit von der Partie. Vom ursprünglichen Konzept ist nicht mehr viel übrig geblieben.

Kind der Innovation: das aufklappbare Heckfenster. Angelenkt ist es an der schmalen Dachtraverse und gestattet bequemen Zugang zum hinteren Gepäckraum – bis zu 230 Litern.

Kraft und Herrlichkeit: Das Fahrwerk des 911 Turbo (996) wurde um zehn Millimeter abgesenkt, die Heckverkleidung durch die Austrittsöff-

nungen für die Ladeluft aufgebrochen. Die hinteren Kotflügel sind um 65 mm verbreitert, damit sie die fetten 18-Zoll-Räder kommod beherbergen können.

An die Stelle des ausfahrbaren Heckflügels am Saugmotor-Elfer ist ein fester Spoiler mit einem beweglichen Luftleitwerk getreten. Es reckt sich bei Tempo 120 automatisch in den Fahrtwind.

Das Triebwerk des Turbo: ein schnurrendes Power-Paket mit sechs Verbrennungseinheiten, 24 Ventilen, zwei Abgas-Turboladern mit Ladeluftkühler und zornigen 420 PS. Es muss sich gleichwohl mit beengten Raumverhältnissen begnügen.

L GT 2220

GT2

GT 2
L GT 2220
D
PORSCHE
Chemnitz · Dresden · Leipzig

Wie sein Vorfahr auf der Straße und im Geiste, das Kultmobil Carrera 2.7 RS von 1972, mag der GT3 RS aus seiner Existenz

und aus seiner Gesinnung keinen Hehl machen. Stets ist er in unschuldigem Weiß lackiert.

Eindeutige Identifizierung: Selbst die Deckel der Radnaben tragen den RS-Schriftzug, wie auch seine Pendants auf Heck und Flanken wahlweise in Rot oder in Blau gehalten.

Der mächtige Heckflügel des GT3 RS aus Kohlefaser ähnelt dem des Schwestermodells GT3 Cup und lässt sich für den Rennbetrieb in zwei Positionen fixieren. Das Lämpchen-Ensemble unter den Rundinstrumenten signalisiert wie das ganze Fahrzeug „ready to go".

Das Innere des GT3 RS wird geprägt von karg-funktioneller Zweckgerichtetheit, ist aber schön ausgestaltet. Überhaupt lässt das Modell es bei aller Härte und manifester Aggressivität an einer gewissen Verbindlichkeit nicht fehlen.

Airbag
PORSCHE
GT3

Genius auf Rädern

Notfalls – aber das ist in seinem Leben eher die Ausnahme – kann man mit dem Mann auch ein lateinisches Schwätzchen halten. Diese erstaunliche Fähigkeit stammt noch aus der Zeit, als der frühe Walter Röhrl ohne viel Staub aufzuwirbeln für das Bischöfliche Ordinariat Regensburg tätig war. Meist jedoch ist er in der Rolle gefragt, die ihm der liebe Herrgott persönlich auf den Leib geschrieben hat: ganz verteufelt schnell Auto fahren zu können. „Genie auf Rädern" nannte ihn Niki Lauda einmal, und der muss es ja wissen. Der Rechtsvertreter der bayerischen Bischöfe, den er damals von Termin zu Termin chauffierte, bekam sie naturgemäß nur in sehr abgemildeter Form zu spüren.

Viel mehr, eigentlich alles, wissen da sein langjähriger Copilot und Freund Christian Geistdörfer und die Jury aus 100 Experten, die ihn zum „Besten Rallyefahrer aller Zeiten" erkor. Faktischer Hintergrund und harter Kern des Mythos: die beiden Weltmeisterschaften 1980 (auf Fiat) und 1982 (auf Opel), die vier Siege bei der Rallye Monte Carlo 1980, 1982, 1983 und 1984, insgesamt 14 Erfolge bei WM-Läufen. Auch auf der Rundstrecke ließ sich der lange Regensburger (geb. 1947) nicht lumpen, ab 1993 für die Porsche AG, für die er seit langer Zeit als Repräsentant und Testpilot unterwegs ist. Er mochte sich indessen die Wonnen des Zirkulierens zwischen A und A nicht zum Lebensinhalt machen, da sich für ihn die eigentliche Lust am Fahren erst im Unwägbaren abseits der Auslaufzonen, rotweiß lackierten Abweiskanten und dreistöckigen Leitplanken einstellt, im Kampf gegen die Uhr mehr als gegen den Mann im ungemütlichen Beisammensein etwa eines DTM-Rennens.

Oben: Zur Heimarbeit wie etwa dem Erfüllen von Autogrammwünschen kommt Röhrl nur selten – damals wie heute.
Links: Walter Röhrl und sein Alter Ego Christian Geistdörfer, kongenialer Begleiter bei den Rallyechampionaten 1980 und 1982.

Frage der Perspektive: Aus dieser wirkt Röhrl fast ebenso groß wie der Regensburger Dom. Rechts: Zu den Modellen, in die Röhrl seinen reichen Schatz an Erfahrungen eingebracht hat, zählt auch der Cayenne.

Stets wird man in Röhrl einen aufgeschlossenen, lockeren und freundlichen Gesprächspartner finden. Aber sowie er am Lenkrad sitzt, bekommt er diesen hungrigen Blick, ein Asket der Tempos, voll darauf fokussiert, noch eine Idee schneller in diese Senke unten in der Fuchsröhre abzutauchen. Rausch der Geschwindigkeit? Keine Spur, ganz im Gegenteil – das rechte Wohlbehagen besteht darin, mit dem giftgrünen GT3 RS oder auch mit dem hurtigen Klassiker 904 GTS in genau dem richtigen Augenblick an genau der richtigen Stelle einzutreffen, mit jener gnadenlosen Akkuratesse, die in der Branche kaum ihresgleichen hat. Wie viele Punkte so einer im Flensburger Register der Verkehrssünder angesammelt hat? Eine Zeit lang einen – und der hat Röhrl förmlich schlaflose Nächte bereitet, bis er wieder getilgt wurde.

Aber auch sonst ist der Walter Röhrl nicht so rasch am Ende seines Lateins, in vielen Sätteln gerecht als sportliches Multitalent zum Beispiel, das exzellent Ski fährt, rudert, Tischtennis spielt oder sich mit dem Rennrad bei Kondition hält. Dabei geht ihm jeglicher Hochmut ab – ein Mensch wie du und ich, obwohl ihm in der Walhalla der Zelebritäten ja ein Logenplatz reserviert ist. Er brauche, sagt er gern, keinen Hubschrauber, keine Yacht und kein Haus in Florida. Ihm genüge sein Rad, eine Tour in den Bayerischen Wald und eine Brotzeit für fünf Euro zum Glücklichsein.

Zwischen Gesagt und Getan lagen vier Jahre: Am 3. Juni 1998 gab Porsche bekannt, die Baureihen 911 und Boxster würden künftig durch ein geländegängiges Mehrzweckmodell ergänzt. Bei der Einweihung der Filiale Porsche Leipzig GmbH am 20. August 2002 wurde überraschend das fertige Produkt vorgestellt, auf dem Pariser Salon jenes Jahres war der Cayenne erstmalig für jedermann zur Besichtigung freigegeben.

Dass Porsche ihn baute, verschärfte die Paradoxie, die ohnehin bereits in dem bloßen Begriff Sport Utility Vehicle angelegt ist. So hatte er noch sportlicher zu sein, ein noch vielseitigeres Nutzfahrzeug, und sich dennoch in die sehr eigene Philosophie des Hauses zu fügen. Das Wagnis gelang – das behände Trumm geriet zum Renner, in beiden Sinnen des Wortes.

Bereits rein äußerlich wurde Porsche-Ambiente durch Signale wie die aggressive V-Form von Front, Heck und Motorhaube, die muskulös ausgewölbten Radkästen, markant drohende Endrohre oder den links vom Lenkrad angesiedelten Zündschlüssel vermittelt. Die Ausstattung ließ nur wenige und dann per Aufpreis vollzählig erfüllbare Wünsche übrig, und vorbildlich war der rasende Monumental-Porsche auch in punkto Sicherheit, mit Bremsen etwa, die im Vorfeld der Serie dem unerbittlichen Porsche Fading Test unterworfen worden waren, 25 Verzögerungsvorgängen aus 90 Prozent der Höchstgeschwindigkeit von bis zu 270 km/h auf Tempo 100 mit konstant 0,8 g. Kongenial die Aufhängung, in Fahrschemel ausgelagert: doppelte Querlenker mit großen Abständen vorn, eine hintere Mehrlenkerachse, die erhebliche Traktionskräfte und Zuladungen gleichermaßen auffangen musste, schräg gestellte Federbeine mit langen Wegen, Luftfederung bei den Turbo-Varianten. Für den Aufbau, in Bratislava gefertigt wie der des parallel entwickelten Vetters VW Touareg, hatte man den markenspezifischen Stahl-Leichtbau weiter optimiert, eine Drei-Schalen-Konstruktion mit Drei-Kammer-Profil und von enormer Festigkeit. Das Porsche Traction Management des Cayenne teilte das Drehmoment der Hinter- und der Vorderachse im Grundmodus 62:38 Prozent zu. Wenn nötig, vermittelte eine Lamellenkupplung bis zu 100 Prozent nach vorn oder nach hinten oder verhängte eine Längssperre links oder rechts. Dem Piloten des hurtigen Kletterers ging ein Sechsgang-Schaltgetriebe zur Hand oder die Tiptronic S.

Am Anfang standen die Versionen S und Turbo, mit einem neuen 4,5-Liter-V8 aus Leichtmetall mit vier Ventilen je Zylinder, kontinuierlich verstellbarer Einlass-Nockenwelle und integrierter Trockensumpfschmierung. Zwischen 2500 und 5500/min lag ein Drehmoment von 420 Nm an. Seinen 340 PS im Typ S hatte der Turbo 450 PS entgegenzusetzen, unter Mithilfe zweier parallel geschalteter Abgaslader. Ab Dezember 2004 standen wahlweise 500 PS zur Verfügung, im Turbo S, 2006 bei der Detroit Auto Show präsentiert, sogar 521 PS. Der Einstiegs-Cayenne war 2003 nachgeliefert worden, mit einem brandneuen V6 von 3289 cm³ – auch er schon 250 PS stark und ein veritables High-Tech-Kunstwerk.

Mit seinen 521 PS ist der Cayenne Turbo S der zweitstärkste Porsche im Programm nach dem GT. Nur die in Wagenfarbe lackierten Lufteinlassgitter vorn zeugen äußerlich von dieser Identität.

Cayenne
S GO

Bei voller Beschleunigung entweicht martialisches Kampfgebrüll aus jeweils zwei Sportendrohren aus Edelstahl. Ein Schriftzug unter der Klimaanlage weist innen auf den stärksten Cayenne hin.

Er stand ganz in der Tradition der Mega-Porsche vom Schlage des 550 Spyder, des 959 oder des 911 GT1. Aber im Unterschied zu seinen Vorfahren im Geiste strebte er keine Rennwagenkarriere an, sondern trumpfte auf als Demonstration strotzender Stärke: Schaut her, so etwas vermögen wir auf die Räder zu stellen.

Und dennoch beschenkte der Porsche Carrera GT die 1270 Glücklichen, die sich bis zum Auslaufen seiner Produktion im Mai 2006 zum fürstlichen Preis von 452 690 Euro einen gönnen konnten, mit der Sicherheit des Wettbewerbsfahrzeugs und dem Feuer der Rennbahn. Aber er gab ihnen auch die gefährliche Freiheit, sich seinen im Graubereich des Unwirklichen gesteckten Grenzen auch nur anzunähern, den 330 km/h zum Beispiel, zu denen er fähig war. Die Idee zu ihm wurde Mitte Juni 1998 durch den Le-Mans-Sieg des GT1 angestoßen. Eine von Chefdesigner Harm Lagaay kühn gezeichnete Studie tat auf dem Pariser Salon 2000 wie erwartet ihre Pflicht als Lockvogel und wurde vor seiner Premiere in Genf 2003 kaum verändert. Im Herbst verließen die ersten Exemplare das neue Werk Leipzig.

Selbst ein Superlativ, war der GT eine Collage aus lauter Superlativen und geballter Innovation – über 70 Details meldete die Porsche-Denkfabrik zu Weissach zum Patent an.

Sein V10 Mitte längs mit 5733 cm³ und 612 PS bei 8000/min, nach Art des Hauses durch einen Zündschlüssel links vom Lenkrad zu donnerndem Schaffen angeregt, wurzelte in jenem 3,5-Liter-V12, mit dem die Zuffenhausener 1991 den Rennstall Arrows-Footwork in der Formel 1 ausgestattet hatten, schön anzusehen, von betörendem Wohlklang, aber zu schwer. Unter zwei Hutzen aus gelochtem Edelstahl auch optisch präsent, machte sein spätes Derivat mit 214 kg rund ein Siebtel des Leergewichts aus. Schon bei 2000/min lagen 400 Nm Drehmoment an, bei 5750/min das Maximum von 590 Nm. Die Kurbelwelle rotierte lediglich 100 mm über dem Wagenboden und steuerte somit ebenso zum niedrigen Schwerpunkt des GT bei wie seine im Winkel von 68 Grad gespreizten Zylinderbänke, die Keramikkupplung mit ganzen 169 mm Durchmesser sowie das tief und quer liegende Sechsganggetriebe.

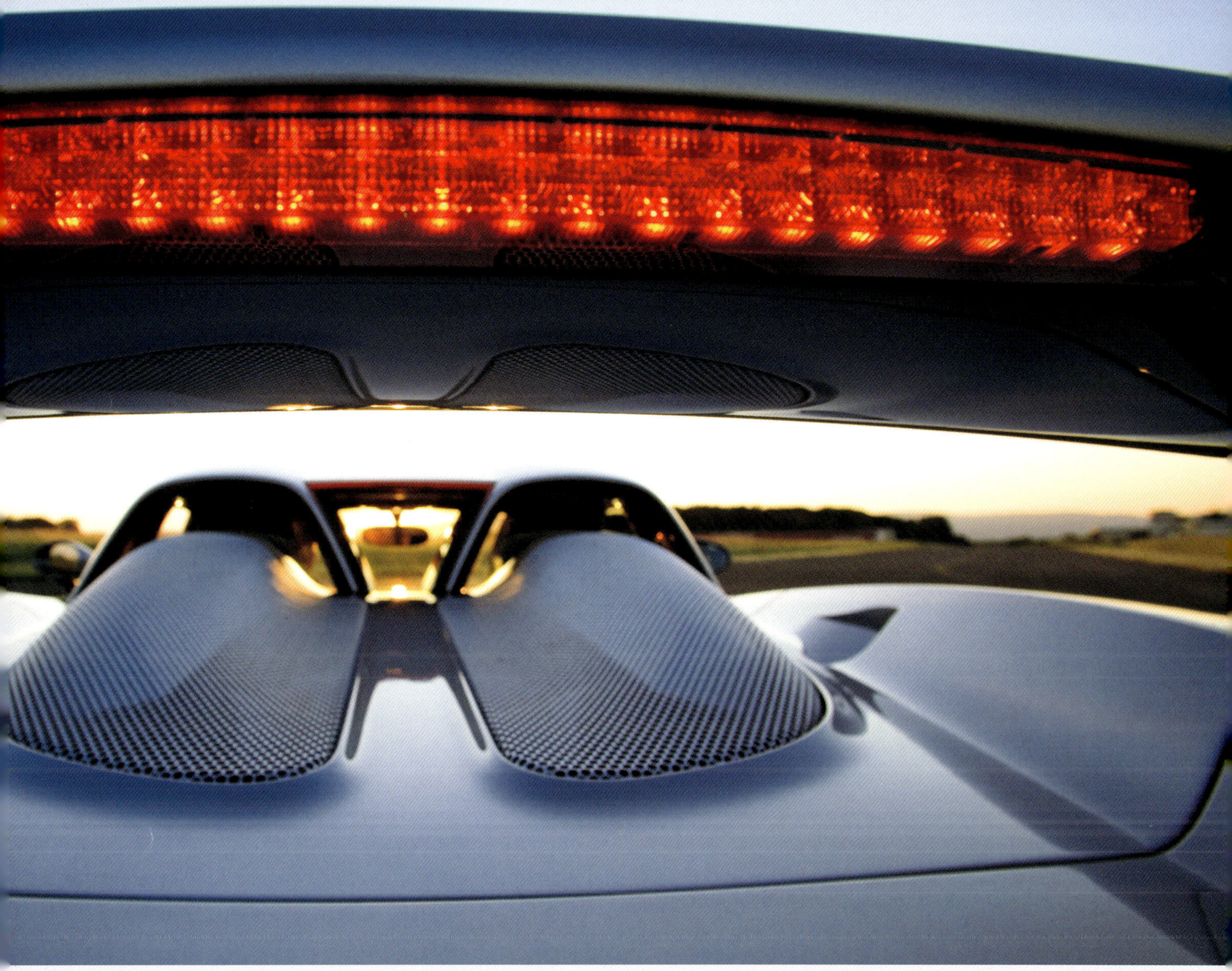

Angesichts Beschleunigungswerten wie 3,8 s auf 100 und 10,9 s auf 200 km/h blieben dem arglosen Passagier Luft und Spucke weg, und atemberaubend im Wortsinn war auch die Verzögerung, welche seine Keramikbremsen ermöglichte, innenbelüftet mit 380 mm Durchmesser und umklammert von Sechskolben-Aluminiumzangen. Als entsprungenen Sohn der Piste wies den GT überdies seine Aufhängung aus, doppelte Querlenker mit Pushrod-Anlenkung der liegenden Federstäbe. Vom Feinsten schließlich die Werkstoffe, aus denen er gefertigt war, Karosserie mitsamt Chassis und Aggregateträger im Heck aus kohlefaserverstärkten Nobelkunststoffen wie auch das zweigeteilte und im Handumdrehen zu montierende Dach, weiteres Edelmaterial wie Aluminium, Titan, Magnesium und Karbon. Da die Sinnfrage zu stellen – wie kleinlich.

Carrera GT

PORSCHE

Haupt-Sache: Im Grunde genommen ist alles auf ihn bezogen oder arbeitet ihm zu: dem wassergekühlten 5,7-Liter-V10 mit einem Bankwinkel von 68 Grad, vier Ventilen pro Zylinder und vier Nockenwellen, VarioCam, 612 PS bei 8000/min, 590 Nm bei 5750/min.

19-Zoll-Felgen vorn und 20-Zöller hinten sorgen nachhaltig für Bodenhaftung. Perforierte und innenbelüftete Keramik-Bremsscheiben

von 380 mm Durchmesser und Sechskolbenzangen aus Aluminium bewirken ebenso brutale wie verlässliche Verzögerung.

Carrera GT
RüD GG 980
D

Von der Geburt des Elfers

1 Kurbelwellenmontage
2 Bereitstellung der Sauganlagen
3 Getriebemontage
4 Montage Ventiltrieb
5 Montage Abgasanlagen

Diese Fotostrecke wurde aufgenommen, als Rainer W. Schlegelmilch 1971 seinen zweiten Porsche im Werk abholte. In allen Abteilungen überwog Handarbeit durch Spezialisten...

6 Motorentransport mit fahrerlosem System

7 Montage Heckspoiler

8 Motortransport beim Fahrwerkaufbau

9 letzte Schritte vor der Zusammenführung Karosserie und Aggregate („Hochzeit")

10 Führung für die exakte Positionierung von Karosserie und Motor

11 Zusammenführung von Karosserie und Aggregaten („Hochzeit")

12 Anschluss von Leitungen am Unterboden

13 Montage Radhausschale

14 Rädermontage

15 Vorbereitung zum Anbringen der Steinschlagfolie

16 Endabnahme Fahrwerkmontage

...Der erste Roboter bei Porsche war ein Schweißroboter für das Hinterachsrohr des 911. Zum Meilenstein bei der Herstellung der Karosserie wurde das Jahr 1988, ...

17 Montage Windlaufblende

18 Anbringen der Steinschlagfolie

19 Anbringen der Schutzfolie für den Heckdeckel

20 Einbau Mittelkonsole

21 Diagnose/Montageendprüfung Innenausstattung

22 Funktionsprüfung Überrollbügel

23 Arbeitsplätze am Band für die Innenausstattung

24 Kunststoffschweißen für die Fondseitenverkleidung

25 Finishband im Prüffeld

25–27 Lackkontrolle im Lichttunnel

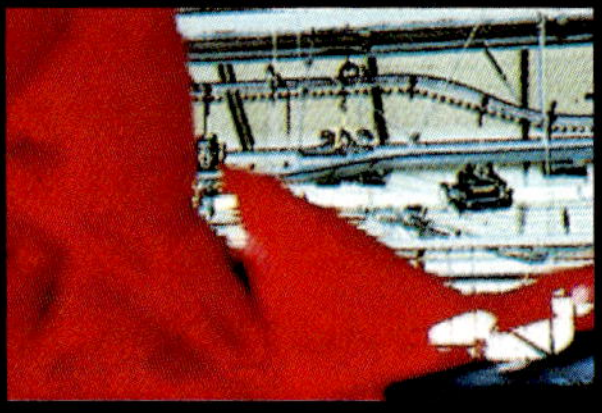

24

25

26

27

...als ein neues Werk eröffnet wurde, in dem 15 Roboter tätig waren. Während sich die Automatisierung überall Bahn brach, fußt die Arbeit in der Polsterabteilung noch weitgehend auf handwerklichem Können.

Gewissermaßen als Amuse-Gueule zunächst einmal an 85 deutsche Porsche-Zentren überstellt, trat der 911 (997) seine Fahrt in eine glückliche Modellzukunft am 16. Juli 2004 an. Vordergründig gesehen bestand der Fortschritt im Rückgriff. Vor allem ließ aus jüngerer Vergangenheit der 993 grüßen. Verschwunden waren die zart verquasten und von ihren Verächtern lautstark geschmähten vorderen Leuchteneinheiten, mithin die Gesichtsähnlichkeit zum Einstiegs-Porsche Boxster. An ihrer Statt äugten klassisch-runde Scheinwerfer aus energischer ausgeformten Kotflügeln.

Auch sonst hatte man an seinem visuellen Auftritt gefeilt: Der 997 war wieder mehr auf Taille gearbeitet, herausgeschnitten aus der Substanz von 38 mm zusätzlicher Breite, die hinteren Lüftungsgitter standen steiler, die Räder waren größer, 19-Zöller besohlt im Format 235/35 vorn und 295/30 hinten am Carrera S, 18-Zoll-Felgen mit Pneus vom Kaliber 235/40 beziehungsweise 265/40 an der Basis-Spielart Carrera. Nach Art des Hauses handelte es sich dabei keineswegs um bloßes Imponiergehabe. 325 PS und ein maximales Drehmoment von 370 Nm setzte nun dessen bekannter 3,6-Liter-Boxer frei, neuerdings appetitlich aufbereitet in seinem engen Kämmerlein, untermalt von einem süffig komponierten Soundtrack. 355 PS und 400 Nm waren es im Carrera S, in dessen Heck dessen neueste Ausbaustufe mit 3824 cm³ mächtig zur Sache ging: Mit 288 km/h, 4,7 s auf Tempo 100 und 16,6 s auf 200 km/h zählte der S zu den Schnellsten im ganzen Lande.

Reichlich zwei Jahre Zeit nahm man sich, bis die Elfer-Flottille vollzählig aufgestellt war – wie üblich. Anfang 2005 wurden in Detroit die Cabriolets von Carrera und Carrera S nachgelegt, schöne Windsbräute mit konventionellen Stoffdächern, die sich harmonisch in die klare Silhouette eingliederten, im Sommer die Vierradler Carrera 4 und 4S. Auf dem Genfer Salon ab 28. Februar 2006 folgte als Basis für den Sport der GT3 (3,6 Liter), der sich mit 415 PS, 405 Nm, einer Drehzahlgrenze von 8400/min und 310 km/h Spitze zum Klassenprimus bei den für die Straße zugelassenen Seriensportwagen aufschwang. Ebenso hurtig, wenn auch vor einem gänzlich anderen Hintergrund, war die sechste Generation des Turbo, die bei der gleichen

Gelegenheit vorgestellt wurde. In gefährlich schnurrender Bereitwilligkeit stellte sein Triebwerk von exakt 3600 cm^3, unterstützt von beim Ottomotor erstmalig eingesetzten Abgasturboladern mit variabler Turbinengeometrie, die Urkraft von 480 PS und 620 Nm zur Verfügung. Dazu gesellten sich alle Segnungen der aktuellen Auto-Zivilisation, ganz im Gegensatz zum strengen Asketen-Elfer GT3, ein Charakterunterschied, der durch dessen noch kargere und 20 kg leichtere Sublimationsform RS, ab Oktober 2006 erhältlich, noch stärker konturiert wurde. Wie dessen Hinterviertel um 44 mm verbreitert war das Heck der Zwillinge 911 Targa 4 und 4S, im November 2006 herausgebracht und stets mit Allradantrieb ausgerüstet. Markante Merkmale waren das große Glasdach und die klappbare Heckscheibe – wie gehabt.

Der Schein trügt nicht: Die jüngste Metamorphose des 911 ist für viele auch die schönste bislang. In wesentlichen Punkten knüpft er formal an den allseits geschätzten 993 an, die missliebigen Leuchten am 996 sind verschwunden, sein Auftritt ist maskuliner geworden.

Das Heck wurde subtil, aber wirkungsvoll modifiziert, die Rückspiegel schmeicheln dem Auge wie dem Fahrtwind.

Der Heckspoiler fährt ab Tempo 120 automatisch aus.
Die Instrumente bieten sich weniger verschachtelt dar.

Dicke Backen: Beim Carrera 4S haben die hinteren Kotflügel um je 22 mm zugelegt. Das schafft Platz für breitere Felgen, deren geringere Einpresstiefe die Spur um 32 mm erweitert. Im Format 305/30 ZR 19 wirken die Reifen wie Walzen.

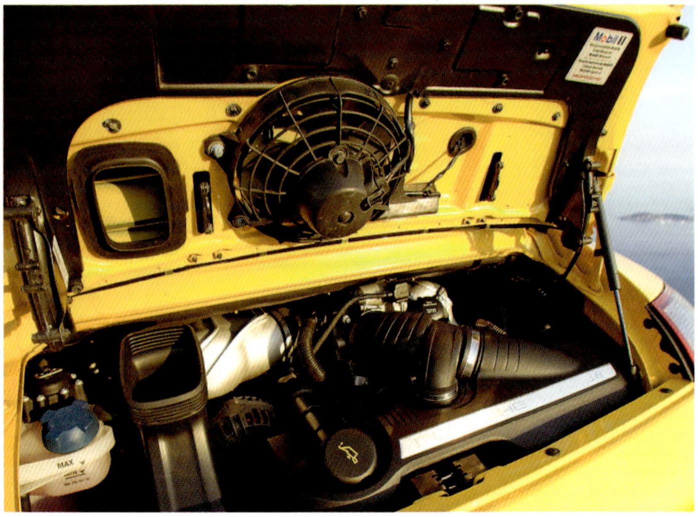

Hell unterlegte Zahlen auf den Instrumenten des 4S verheißen Dynamik, ein Versprechen, das die 355 PS seines Sechszylinders locker einlösen. Ein sich scheinbar kompliziert entfaltender Dosenhalter sorgt derweil dafür, dass nichts verschüttet wird.

Aerodynamischer Feinschliff erzeugt auch beim Cabrio einen Luftwiderstandsbeiwert von nur 0,29. In 20 Sekunden wechselt es seinen Aggregatszustand. Zur Eröffnung muss man nicht unbedingt anhalten – sie kann selbst noch bei Tempo 50 stattfinden.

BBS

Schon optisch verheißt der GT3 Elfer-Fahren in seiner reinsten Form, mit neuer Bugschürze und etlichen großen, gierigen Lufteinlässen, die bereit sind, die Straße förmlich zu verschlingen.

SI FI 1

Fast sprengen die üppigen 19-Zoll-Räder ihren breiten Rahmen. Der GT3 kann vor Kraft sehr gut laufen. Für diese sorgt reichlich der 3,6-Liter-Boxermotor, wie er einst den Le-Mans-Renner GT1 befeuerte. Ein serienmäßiges Alcantara-Interieur lockt zu frohen Taten.

S GO 5001

Eine Mittelmarkierung auf dem Lenkrad berät den Piloten des GT3 RS darüber, wohin er steuern oder welche Richtung er besser vermeiden sollte. Ist er dennoch einmal auf Abwege geraten, schützt das Gebälk eines geschraubten Rohrkäfigs.

GT3RS
S GO 5001

S GO 5001

MICHELIN

Schrill gibt sich der GT3 RS nicht zuletzt hinsichtlich seiner Farbgebung und der drohenden seitlichen Signatur. Gegenüber dem Basismodell GT3 hat er noch einmal 34 mm Hinterachsspur zugelegt. Der Heckflügel aus Kohlefaser ist einstellbar.

Auf viel sanftere Weise als die schrecklich nette GT3-Familie erzeugt der Turbo viel mehr Leistung. Von eher unaufdringlichem Erscheinungsbild gibt er sich in der sechsten Generation mit variabler Ladergeometrie und fahraktivem Allradantrieb schneller, aber auch verbindlicher als je zuvor.

S GO 512

Der rote Bereich warnt bereits bei 6500/min, da das Biturbo-Triebwerk vom Drehmoment lebt. Sie sind hurtig erreicht.

Zierlicher als an vergangenen Generationen stülpt sich bei Tempo 120 der obere Teil des Heckflügels in den Fahrtwind.

Die 19-Zoll-Felgen finden sich in dieser Form nur am Elfer-Flaggschiff Turbo.

Der 3,6-Liter-Boxer wartet mit mächtigen 480 PS auf und bezieht seine Verbrennungsluft durch die Heckklappe.

Mehr sein als scheinen: Die Turbo-Version der Baureihe 997 leistet 220 PS mehr als der Stammvater von 1975 und 60 PS mehr als die letzte Ausformung im Vorgänger 996. Dennoch kommt sie viel unaufgeregter daher.

Wie beim Vorgängermodell basiert der Targa auf dem Carrera Coupé, so dass die Silhouette sehr ähnlich ist. Er wird ausschließlich mit Allradantrieb ausgeliefert und bietet dem Betrachter ein um 44 mm verbreitertes fülligeres Hinterviertel dar, gleich ob als 4- oder 4S-Variante.

F T 9974

F T 9974

Sperrangelweit offen: Die gläserne Heckscheibe ist aufklappbar und kann entweder vom Innenraum her oder per Fernbedienung im Fahrzeugschlüssel entriegelt werden. Sie ist über eine Griffleiste einfach zu öffnen.

Aussichtswagen: Auch die jüngste Targa-Version – hier ein 4S – hat das charakteristische Glasdach. Mit Hilfe zweier Elektromotoren lässt es sich bei jedem Tempo in sieben Sekunden öffnen.

targa 4S

In der klug ausgeheckten Porsche-Hackordnung bezog der Cayman auf der Frankfurter IAA 2005 ein Plätzchen zwischen Elfer und Boxster. Aber obwohl er auf dem Mittelmotor-Junior der Marke fußte und dem aktuellen 997 nicht unähnlich war, geriet er keineswegs zum bloßen Abklatsch des einen oder des anderen, sondern zu einer höchst eigenständigen Auto-Persönlichkeit. Mit dem Reptil, dessen Namen er trug, teilte er die Anmutung von lauernder Kraft und die Fähigkeit, diese behände in die Tat umzusetzen, nicht aber die Tücke.

In seinem ungemein rigiden Aufbau spielten konvexe und konkave Elemente ineinander. Der erste, nachhaltige Eindruck: klaffend gähnende Lufteinlässe vorn, in die Nebelscheinwerfer und Positionslichter eingearbeitet waren, eine ausgeprägte Taille, noch unterstrichen durch den kühnen Schwung der Kotflügel, die voluminöse Heckklappe, im sanften Abfall des Coupé-Hecks gefolgt von einem Spaltflügel, dessen Oberteil bei Tempo 120 in den Fahrtwind gestemmt wurde, der zentrale Doppelauspuff, drohend wie eine Zwillingsflak auf den nachfolgenden Verkehr gerichtet. Der Cayman rollte auf eigens für ihn gestalteten, aber im Design an den Premium-Porsche GT angelehnten leichten 18-Zoll-Rädern mit fünf Speichen.

Die zentrale Lage des Motors machte nicht nur zwei Kofferabteile mit insgesamt 410 Litern Kapazität möglich, sondern vor allem eine optimale Balance.

Im Cayman S, mit dem die Baureihe ihren Anfang nahm, schöpfte der Sechszylinder-Boxer aus 3387 cm^3 Hubraum wie wenig später im Boxster S stämmige 295 PS und ein maximales Drehmoment von 340 Nm, gut für 275 km/h und zügige 5,4 s auf 100 km/h. Das Porsche-Schmankerl VarioCam Plus sorgte dabei für viel Drehmoment im unteren und hohe Leistung im oberen Bereich, wo sich der Cayman mit wütendem Trompeten Luft machte. Diesem Profil schmiegsam angepasst waren sein Sechsgang-Schaltgetriebe und die optionale Tiptronic S mit ihren fünf Fahrstufen, während das Fahrwerk den Kräften, die da munter und mächtig walteten, mit gelassener Reserve begegnete: Längs- und Querlenker, McPherson-Federbeine und Stabilisatoren vorn und hinten, groß dimensionierte, gelochte, innenbelüftete Bremsscheiben mit Vierkolben-Sätteln aus Aluminium, rot lackiert, damit auch schön aussah, was gut war.

Zum agil abgestimmten Porsche Stability Management (PSM) gingen dem Cayman-Piloten aufpreispflichtig, verbunden mit einer Absenkung der Karosserie um zehn mm, das Porsche Active Suspension Management (PASM) sowie das SportChrono-Paket zur Hand, das unter anderem per Knopfdruck Fahr- und Triebwerk noch direkter aufeinander abstimmte. Das Triebwerk – im ab 29. Juli 2006 verfügbaren Einstiegs-Cayman war das der 2,7-Liter mit 245 PS aus dem Boxster-Baukasten, 50 PS schwächer also als Big Brother, wenn auch von unverändert kraftvoller Melodik. Markteinführungen sollten stets dem Prinzip der Steigerung folgen: Mit dieser Motorisierung wirkte das Porsche-Krokodil einfach zu schlapp.

Die Linienführung des Cayman ist zweifellos ein großer Wurf, ähnlich dem Elfer und doch ziemlich anders, mit vielen schönen Details. Und: Sie verheißt den ganzen grimmigen Biss der Panzerechse, die dem Modell den Namen spendete.

Lipton
Ice Tea

Der vordere Kofferraum entspricht mit 150 Litern Volumen dem Format des Boxsters. Der hintere fasst 185 Liter bis zur Scheibenunterkante oder 260 Liter bis unters Dach. Die beiden Insassen sind somit gut bedient.

Der Panamera, vorgestellt im April 2009 auf der 13. Auto Shanghai in der wuchernd-ambitionierten chinesischen Riesen-Metropole, war die Antwort auf eine bange Frage, die Generationen von passionierten Porsche-Fahrern umgetrieben hatte: Was wird aus uns, wenn wir Nachwuchs bekommen? Mehr noch – die Väter des Neuen hatten Nägel mit Köpfen gemacht und eine zweite Sitzreihe eingerichtet, in der man selbst mit fast zwei Metern aufrechten Hauptes zu reisen vermochte, auf demselben kommoden Gestühl wie im ersten Glied zumal und wie dort getrennt durch eine hohe, dicht besiedelte Mittelkonsole und eingebettet in Holz und Leder.

Dies, die Front-Mittelmotor-Auslegung und das Mantra, der Viertürer müsse nach Porsche-Art flach, mit einer unverkennbaren Familien-Anmutung und wie ein richtiger Sportwagen daherkommen, bedingte seine enormen Proportionen: 4870 mm lang, 1931 mm breit, nur 1418 mm hoch. In die Zwienatur des großen Zuffenhauseners zwischen Limousine und Sportcoupé fügte sich, dass er sich durch Umlegen der Fondsitzlehnen in einen kleinen Transporter verwandeln ließ. Reichliche 430 Liter Ladevolumen standen schon vorher zur Verfügung, nun waren es 1500 Liter.

Zusätzlich an den Boden genagelt wurde er durch einen beweglichen Bürzel, der bei 90 km/h automatisch aus- und bei 60 km/h wieder einfuhr, in der Turbo-Version erweitert durch seitlich sich herausstülpende Protuberanzen. Überlegene Dynamik für vier: Dafür zeichneten in erster Linie seine potenten Triebwerke verantwortlich, bekannt aus dem geländigen Bruder Cayenne. Alle mobilisierten sie Pferdestärken in runden Hundertschaften, der 4,8-Liter-V8 satte 400 PS in den Typen S und 4S, 500 PS in der schnellsten Variante Turbo. Diese wurden in Analogie zur jüngsten Carrera-4-Generation wie im 4S, mit 282 km/h der langsamste in der Panamera-Flotte, bedarfsgerecht durch eine Lamellenkupplung an die vier Räder weitergereicht.

Noch sparsamer und im Einklang mit dem Geist der neuen Zeit sollte ab 2010 ein 300 PS starker 3,6-Liter-V6 aus den Hexenküchen von VW agieren, vergleichweise geradezu knauserig dessen für 2011 verheißene Hybrid-Spielart mit 350 PS. Zwischen dem Sechszylinder und dem Getriebe rotierte ein 34-Kilowatt-Elektromotor. In einem Verlies unterhalb des Kofferraums hauste eine Nickel-Metallhydrid-Batterie mit einer Kapazität von 17 Kilowattstunden. Ein Lithium-Ionen-Akku ließ noch auf sich

warten – allesamt Neologismen im Wörterbuch für den Sportwagenfahrer wie auch etwa das Start-Stopp-System mit Bremsenergie-Rekuperation. Für ein niedriges Drehzahlniveau sorgte nicht zuletzt ein von ZF entwickeltes PDK-Doppelkupplungs-Getriebe mit sieben unspürbar ineinander gleitenden Fahrstufen.

Im Zuge einer vorbildlichen Straßenlage bemühte sich neben dem adaptiven Dämpfersystem eine optionale Luftfederung mit zuschaltbarem Zusatzvolumen um besten Kontakt zur Fahrbahn. Soviel Tugend ließ sogar gelegentlich die Sinn-Frage verstummen.

Eigentlich handelt es sich beim Panamera trotz deutlicher Anklänge an den Klassiker 911 um eine Schrägheck-Limousine mit großer Heckklappe, nur viel flacher als üblich. In dieser Auslegung verbindet sich Sportivität mit Volumen, Nutzwert und Variabilität.

Porsche Panamera

Panamera S

Der große Porsche besticht durch eine kommode Sitzposition. Die Fondsessel sind mit ihren Pendants in der ersten Reihe identisch – bis auf die fehlende Höheneinstellung. Das Cockpit mutet klassisch schön und hochwertig an – duftendes Leder oben und unten, dazwischen Holz und runde Instrumente. Der V8 unter der Fronthaube baut auf seine bloße Präsenz und verzichtet auf Zierrat.

Baureihe		**Porsche 356 Alu Coupé (Fahrgestell 009)**	**Porsche 356**
Baujahre		1948–1951	1950–1955
Modell		Coupé 356 Alu (Fahrgestell 009)	Coupé 1500 1954
Motor	Konfiguration	4-Zylinder-Boxer	4-Zylinder-Boxer
	Hubraum	1131 cm³	1488 cm³
	Bohrung × Hub	75 × 64 mm	80 × 74 mm
	Kraftstoffversorgung	2 Fallstromvergaser Solex 26 VFI	2 Fallstromvergaser Solex 32 PBI
	Leistung	40 PS bei 4000/min	55 PS bei 4400/min
Getriebe		4-Gang	4-Gang
Chassis	Rahmen	Stahlblech-Kastenrahmen	Stahlblech-Kastenrahmen
	Aufhängung vorn	Längslenker, gebündelte Querdrehstabfedern	Längslenker, gebündelte Querdrehstabfedern
	Aufhängung hinten	Längslenker, Drehstabfedern	Längslenker, Drehstabfedern
Maße	Radstand	2100 mm	2100 mm
	Länge × Breite × Höhe	3880 × 1660 × 1300 mm	3950 × 1660 × 1300 mm
	Gewicht	630 kg	830 kg
Höchstgeschwindigkeit		140 km/h	155 km/h

Baureihe		**Porsche 356 B**	**Porsche 356 C**
Baujahre		1959–1963	1963–1965
Modell		Roadster 1600 Super 1960	Coupé 2000 CS Carrera 2 1964
Motor	Konfiguration	4-Zylinder-Boxer	4-Zylinder-Boxer, 2 × DOHC, 2 Königswellen
	Hubraum	1582 cm³	1966 cm³
	Bohrung × Hub	82,5 × 74 mm	92 × 74 mm
	Kraftstoffversorgung	2 Doppelfallstromvergaser Zenith 32 NDIX	2 Doppelfallstromvergaser Solex 40 PJJ-4
	Leistung	75 PS bei 5000/min	130 PS bei 6200/min
Getriebe		4-Gang	4-Gang
Chassis	Rahmen	Stahlblech-Kastenrahmen	Stahlblech-Kastenrahmen
	Aufhängung vorn	Längslenker, gebündelte Querdrehstabfedern	Längslenker, gebündelte Querdrehstabfedern
	Aufhängung hinten	Längslenker, Drehstabfedern	Längslenker, Drehstabfedern
Maße	Radstand	2100 mm	2100 mm
	Länge × Breite × Höhe	4010 × 1670 × 1310 mm	4010 × 1670 × 1315 mm
	Gewicht	835 kg (trocken)	845 kg
Höchstgeschwindigkeit		175 km/h	200 km/h

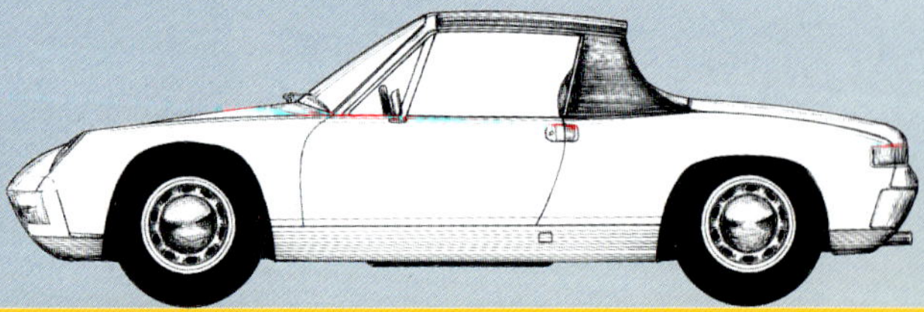

Baureihe		**Porsche 912**	**VW-Porsche 914-4, 914-6, 916**
Baujahre		1965–1968	1969–1976
Modell		Coupé 912 1967	914-4 2.0 1973
Motor	Konfiguration	4-Zylinder-Boxer	4-Zylinder-Boxer
	Hubraum	1582 cm³	1971 cm³
	Bohrung × Hub	82,5 × 74 mm	94 × 71 mm
	Kraftstoffversorgung	2 Doppelfallstromvergaser Solex 40 PJJ-4	elektronische Einspritzung Bosch
	Leistung	90 PS bei 5800/min	100 PS bei 5000/min
Getriebe		5-Gang	5-Gang
Chassis	Rahmen	selbsttragende Karosserie	selbsttragende Karosserie
	Aufhängung vorn	Querlenker, Längsdrehstabfedern, Gummihohlfedern	Querlenker, Längsdrehstabfedern
	Aufhängung hinten	Längslenker, quer liegende Drehstabfedern, Gummihohlfedern	Schräglenker, Schraubenfedern, Gummihohlfedern, Teleskopdämpfer
Maße	Radstand	2210 mm	2450 mm
	Länge × Breite × Höhe	4160 × 1610 × 1320 mm	3985 × 1650 × 1230 mm
	Gewicht	970 kg	950 kg
Höchstgeschwindigkeit		183 km/h	190 km/h

Technische Daten

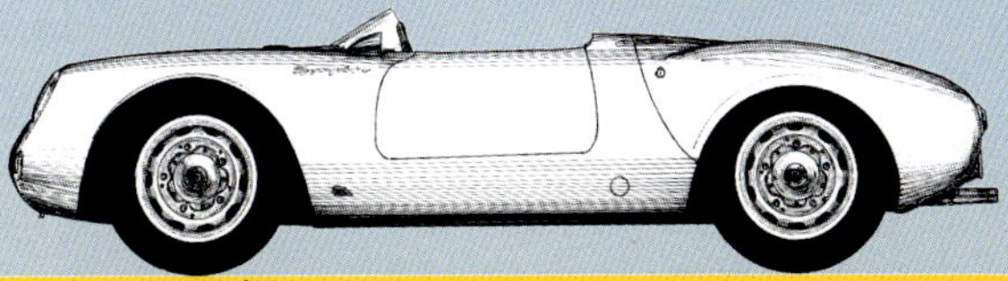

Baureihe		**Porsche 550/550 A**	**Porsche 356 A**
Baujahre		1953–1957	1955–1959
Modell		550 Spyder RS 1955	Cabriolet 1600 1958
Motor	Konfiguration	4-Zylinder-Boxer, 2 × DOHC, 4 Königswellen	4-Zylinder-Boxer
	Hubraum	1498 cm³	1582 cm³
	Bohrung × Hub	85 × 66 mm	82,5 × 74 mm
	Kraftstoffversorgung	2 Doppelfallstromvergaser Solex PJJ	2 Doppelfallstromvergaser Zenith 32/36 NDIX
	Leistung	110 PS bei 6200/min	60 PS bei 4500/min
Getriebe		4-Gang	4-Gang
Chassis	Rahmen	selbsttragender Verbundbau mit Bodenrahmen	Stahlblech-Kastenrahmen
	Aufhängung vorn	Längslenker, quer liegende Vierkant-Blattfederstäbe	Längslenker, gebündelte Querdrehstabfedern
	Aufhängung hinten	Pendelachse, Längslenker, quer liegende Drehstabfedern	Längslenker, Drehstabfedern
Maße	Radstand	2100 mm	2100 mm
	Länge × Breite × Höhe	3600 × 1550 × 1015 mm	3950 × 1670 × 1310 mm
	Gewicht	550 kg	812 kg (trocken)
Höchstgeschwindigkeit		220 km/h	160 km/h

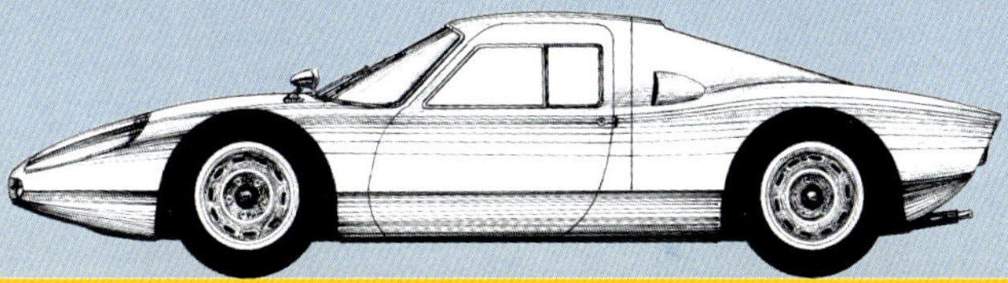

Baureihe		**Porsche 911 2.0–2.4**	**Porsche 904 Carrera GTS**
Baujahre		1963–1973	1963–1964
Modell		Coupé 911 S 2.0 1969	904 Carrera GTS 1964
Motor	Konfiguration	6-Zylinder-Boxer, 2 × OHC	4-Zylinder-Boxer, 2 × DOHC, 2 Königswellen
	Hubraum	1991 cm³	1966 cm³
	Bohrung × Hub	80 × 66 mm	92 × 74 mm
	Kraftstoffversorgung	indirekte Einspritzung Bosch Sechsstempelpumpe	2 Doppelvergaser Weber 46 IDM
	Leistung	170 PS bei 6800/min	180 PS bei 7800/min
Getriebe		5-Gang	5-Gang
Chassis	Rahmen	selbsttragende Karosserie	Kastenrahmen, mit Kunststoffkarosserie verklebt und verschraubt
	Aufhängung vorn	Querlenker, Längstorsionsstäbe, Gummihohlfedern	Dreiecksquerlenker, Schraubenfedern, Gummihohlfedern
	Aufhängung hinten	Längslenker, quer liegende Drehstabfedern	Dreiecksquerlenker, Schraubenfedern, Gummihohlfedern
Maße	Radstand	2268 mm	2300 mm
	Länge × Breite × Höhe	4160 × 1610 × 1320 mm	4090 × 1540 × 1070 mm
	Gewicht	1020 kg	740 kg
Höchstgeschwindigkeit		225 km/h	263 km/h

Baureihe		**Porsche Carrera RS 2.7**	**Porsche 911 2.7**
Baujahre		1972–1973	1973–1977
Modell		Carrera RS 2.7 1973	911 Carrera 2.7 Sondermodell 1974
Motor	Konfiguration	6-Zylinder-Boxer, 2 × OHC	6-Zylinder-Boxer, 2 × OHC
	Hubraum	2687 cm³	2687 cm³
	Bohrung × Hub	90 × 70,4 mm	90 × 70,4 mm
	Kraftstoffversorgung	indirekte Einspritzung Bosch Sechsstempelpumpe	indirekte Einspritzung Bosch Sechsstempelpumpe
	Leistung	210 PS bei 6300/min	210 PS bei 6300/min
Getriebe		5-Gang	5-Gang
Chassis	Rahmen	selbsttragende Karosserie	selbsttragende Karosserie
	Aufhängung vorn	Querlenker, Längsdrehstabfedern, Dämpferbeine	Querlenker, Längsdrehstabfedern, Dämpferbeine
	Aufhängung hinten	Schräglenker, quer liegende Drehstabfedern, Teleskopdämpfer	Schräglenker, quer liegende Drehstabfedern, Teleskopdämpfer
Maße	Radstand	2270 mm	2270 mm
	Länge × Breite × Höhe	4102 × 1650 × 1320 mm	4291 × 1652 × 1320 mm
	Gewicht	960 kg	1075 kg
Höchstgeschwindigkeit		240 km/h	240 km/h

Baureihe		**Porsche 911 Turbo (930) 3.0/3.3**	**Porsche 911 Carrera 3.0 & SC 3.0**
Baujahre		1974–1989	1975–1983
Modell		911 Turbo (930) 3.0 1976	Coupé 911 SC 3.0 1980
Motor	Konfiguration	6-Zylinder-Boxer, 2×OHC, Turbolader	6-Zylinder-Boxer, 2×OHC
	Hubraum	2994 cm³	2994 cm³
	Bohrung × Hub	95×70,4 mm	95×70,4 mm
	Kraftstoffversorgung	Einspritzung Bosch K-Jetronic	Einspritzung Bosch K-Jetronic
	Leistung	260 PS bei 5500/min	204 PS bei 5500/min
Getriebe		4-Gang	5-Gang
Chassis	Rahmen	selbsttragende Karosserie	selbsttragende Karosserie
	Aufhängung vorn	Querlenker, Längsdrehstabfedern, Federbeine	Querlenker, Längsdrehstabfedern, Dämpferbeine
	Aufhängung hinten	Schräglenker, quer liegende Drehstabfedern, Teleskopdämpfer	Längslenker, quer liegende Drehstabfedern, Teleskopdämpfer
Maße	Radstand	2270 mm	2270 mm
	Länge × Breite × Höhe	4291×1775×1305 mm	4290×1650×1320 mm
	Gewicht	1195 kg	1160 kg
Höchstgeschwindigkeit		260 km/h	235 km/h

 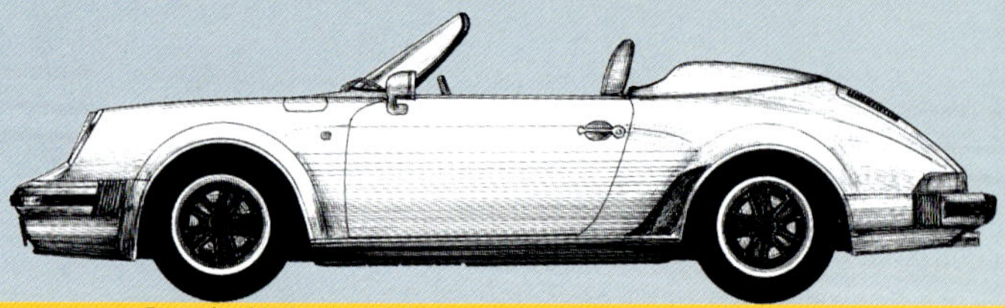

Baureihe		**Porsche 944**	**Porsche 911 Carrera 3.2**
Baujahre		1981–1991	1983–1989
Modell		Coupé 944 Turbo 1991	Speedster 911 Carrera 3.2 1989
Motor	Konfiguration	4 Zylinder in Reihe, OHC, Turbolader, Ladeluftkühler	6-Zylinder-Boxer, 2×OHC
	Hubraum	2479 cm³	3164 cm³
	Bohrung × Hub	100×78,9 mm	95×74,4
	Kraftstoffversorgung	Einspritzung Bosch L-Jetronic	elektronische Einspritzung Bosch Motronic
	Leistung	250 PS bei 6000/min	231 PS bei 5900/min
Getriebe		5-Gang	5-Gang
Chassis	Rahmen	selbsttragende Karosserie	selbsttragende Karosserie
	Aufhängung vorn	Querlenker, Federbeine	Querlenker, Längsdrehstabfedern, Federbeine
	Aufhängung hinten	Schräglenker, quer liegende Drehstabfedern	Schräglenker, quer liegende Drehstabfedern, Teleskopdämpfer
Maße	Radstand	2400 mm	2272 mm
	Länge × Breite × Höhe	4230×1735×1275 mm	4291×1775×1220 mm
	Gewicht	1280 kg	1220 kg
Höchstgeschwindigkeit		260 km/h	247 km/h

Baureihe		**Porsche 968**	**Porsche 911 (993)**
Baujahre		1991–1995	1993–1998
Modell		968 CS 1994	GT2 1995
Motor	Konfiguration	4 Zylinder in Reihe, 16 Ventile, DOHC	6-Zylinder-Boxer, 2×OHC, 2 Turbolader, Ladeluftkühler
	Hubraum	2990 cm³	3600 cm³
	Bohrung × Hub	104×88 mm	100×76,4 mm
	Kraftstoffversorgung	elektronische Einspritzung Bosch Motronic	elektronische Einspritzung Bosch Motronic M 2.10
	Leistung	240 PS bei 6200/min	430 PS bei 5750/min
Getriebe		6-Gang	6-Gang
Chassis	Rahmen	selbsttragende Karosserie	selbsttragende Karosserie
	Aufhängung vorn	Federbeine, Querlenker	Querlenker, Federbeine
	Aufhängung hinten	Schräglenker, quer liegende Drehstabfedern, Teleskopdämpfer	Mehrlenkerachse, Teleskopdämpfer
Maße	Radstand	2400 mm	2272 mm
	Länge × Breite × Höhe	4320×1735×1275 mm	4245×1795×1285 mm
	Gewicht	1320 kg	1175 kg
Höchstgeschwindigkeit		252 km/h	297 km/h

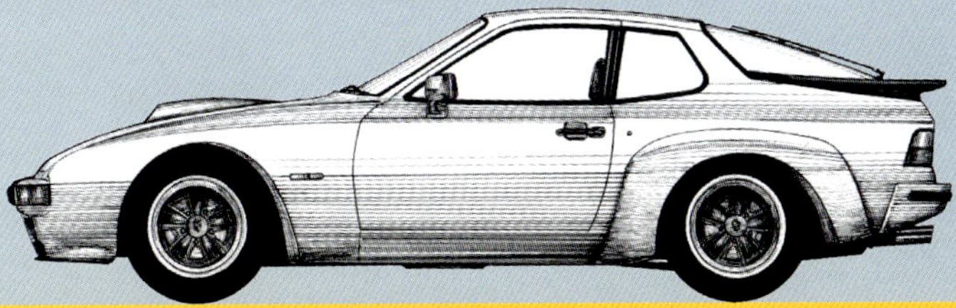

Baureihe		**Porsche 924**	**Porsche 928**
Baujahre		1975–1988	1977–1995
Modell		924 GT 1981	928 GTS 1992
Motor	Konfiguration	4 Zylinder in Reihe, OHC	V8 90°, 2 × DOHC
	Hubraum	1984 cm³	5397 cm³
	Bohrung × Hub	86,5 × 84,4 mm	100 × 85,9 mm
	Kraftstoffversorgung	Einspritzung Bosch K-Jetronic	Einspritzung Bosch LH-Jetronic
	Leistung	210 PS bei 6000/min	350 PS bei 5700/min
Getriebe		5-Gang	5-Gang
Chassis	Rahmen	selbsttragende Karosserie	selbsttragende Karosserie
	Aufhängung vorn	Querlenker, Federbeine	Doppelquerlenker, Schraubenfedern, hydraulische Teleskopdämpfer
	Aufhängung hinten	Längslenker, quer liegende Drehstabfedern, Teleskopdämpfer	obere und untere Querlenker, Längsschubstreben, Schraubenfedern, hydraulische Teleskopdämpfer
Maße	Radstand	2400 mm	2500 mm
	Länge × Breite × Höhe	4320 × 1735 × 1275 mm	4520 × 1890 × 1282 mm
	Gewicht	1180 kg	1620 kg
Höchstgeschwindigkeit		240 km/h	275 km/h

Baureihe		**Porsche 959**	**Porsche 911 (964)**
Baujahre		1987–1988	1988–1994
Modell		959 1988	Coupé 911 Turbo 3.6 1993
Motor	Konfiguration	6-Zylinder-Boxer, 24 Ventile, 2 × DOHC, 2 Turbolader, 2 Ladeluftkühler	6-Zylinder-Boxer, 2 × OHC, Turbolader, Ladeluftkühler
	Hubraum	2850 cm³	3600 cm³
	Bohrung × Hub	95 × 67 mm	100 × 76,4 mm
	Kraftstoffversorgung	elektronische Einspritzung Bosch Motronic	elektronische Einspritzung Bosch Motronic
	Leistung	450 PS bei 6500/min	360 PS bei 5500/min
Getriebe		6-Gang, variabler Allradantrieb	5-Gang
Chassis	Rahmen	selbsttragende Karosserie	selbsttragende Karosserie
	Aufhängung vorn	Doppelquerlenker, Schraubenfedern, doppelte Teleskopdämpfer, automatische Niveauregulierung	Querlenker, Federbeine
	Aufhängung hinten	Doppelquerlenker, Schraubenfedern, doppelte Teleskopdämpfer, automatische Niveauregulierung	Schräglenker, Schraubenfedern, Teleskopdämpfer
Maße	Radstand	2272 mm	2272 mm
	Länge × Breite × Höhe	4260 × 1840 × 1280 mm	4250 × 1775 × 1310 mm
	Gewicht	1450 kg	1470 kg
Höchstgeschwindigkeit		315 km/h	200 km/h

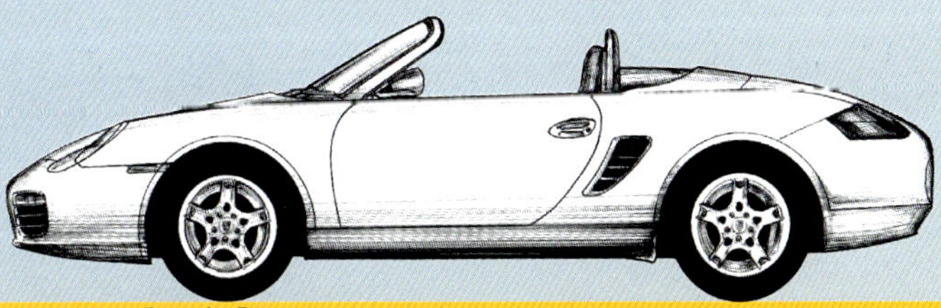

Baureihe		**Porsche 911 GT1**	**Porsche Boxster**
Baujahre		1996–1998	1996→
Modell		911 GT1/97 1997	Boxster 2005
Motor	Konfiguration	6-Zylinder-Boxer, 2 × DOHC, 24 Ventile, 2 Turbolader, 2 Ladeluftkühler	6-Zylinder-Boxer, 24 Ventile, 2 × DOHC
	Hubraum	3164 cm³	2687 cm³
	Bohrung × Hub	95 × 74,4 mm	85,5 × 78 mm
	Kraftstoffversorgung	elektronische Einspritzung Bosch Motronic M 5.2	elektronische Einspritzung Bosch Motronic DME
	Leistung	544 PS bei 7000/min	240 PS bei 6400/min
Getriebe		6-Gang	6-Gang
Chassis	Rahmen	selbsttragende Karosserie mit Hilfsrahmen	selbsttragende Karosserie mit Hilfsrahmen
	Aufhängung vorn	Doppelquerlenker, Feder-Dämpfer-Einheiten	Querlenker, McPherson-Federbeine
	Aufhängung hinten	Doppelquerlenker, Feder-Dämpfer-Einheiten, Schubstreben	Querlenker, McPherson-Federbeine
Maße	Radstand	2500 mm	2415 mm
	Länge × Breite × Höhe	4710 × 1980 × 1173 mm	4330 × 1800 × 1295 mm
	Gewicht	1050 kg	1295 kg
Höchstgeschwindigkeit		310 km/h	256 km/h

Baureihe		**Porsche 911 (996 I)**	**Porsche 911 (996 II)**
Baujahre		1997–2001	2001–2004
Modell		911 (996) GT3 1999	911 (996) GT3 RS 2004
Motor	Konfiguration	6-Zylinder-Boxer, 24 Ventile, 2×DOHC	6-Zylinder-Boxer, 24 Ventile, 2×DOHC
	Hubraum	3598 cm³	3598 cm³
	Bohrung × Hub	100×76,4 mm	100×76,4 mm
	Kraftstoffversorgung	elektronische Einspritzung Bosch DME	elektronische Einspritzung Bosch DME 7.8
	Leistung	360 PS bei 7200/min	381 PS bei 7400/min
Getriebe		6-Gang	6-Gang
Chassis	Rahmen	selbsttragende Karosserie mit Hilfsrahmen	selbsttragende Karosserie mit Hilfsrahmen
	Aufhängung vorn	Querlenker, Federbeine	Querlenker, Federbeine
	Aufhängung hinten	Mehrlenkerachse, Schraubenfedern, Teleskopdämpfer	Mehrlenkerachse, Schraubenfedern, Teleskopdämpfer
Maße	Radstand	2350 mm	2350 mm
	Länge × Breite × Höhe	4430×1765×1270 mm	4435×1770×1305 mm
	Gewicht	1350 kg	1330 kg
Höchstgeschwindigkeit		302 km/h	306 km/h

Baureihe		**Porsche Cayenne**	**Porsche Carrera GT**
Baujahre		2002→	2003–2006
Modell		Cayenne Turbo S 2006	Carrera GT 2005
Motor	Konfiguration	V8, 32 Ventile, 2×DOHC, 2 Turbolader, 2 Ladeluftkühler	V10, 40 Ventile, 2×DOHC
	Hubraum	4511 cm³	5733 cm³
	Bohrung × Hub	93×83 mm	98×76 mm
	Kraftstoffversorgung	elektronische Einspritzung Bosch ME 7.1.1	elektronische Einspritzung Bosch ME 7.1.1
	Leistung	521 PS bei 5500/min	612 PS bei 8000/min
Getriebe		Tiptronic S, 6 Stufen	6-Gang
Chassis	Rahmen	selbsttragende Karosserie mit Hilfsrahmen	Monocoque und Karosserie aus Kohlefaser-Verbundstoff
	Aufhängung vorn	Doppelquerlenker	Doppelquerlenker, Feder-Dämpfer-Einheiten, Schubstreben
	Aufhängung hinten	Mehrlenkerachse, Luftfederung, elektronisch gesteuertes Dämpfersystem	Doppelquerlenker, Feder-Dämpfer-Einheiten, Schubstreben
Maße	Radstand	2855 mm	2730 mm
	Länge × Breite × Höhe	4780×1930×1700 mm	4615×1920×1165 mm
	Gewicht	2355 kg	1472 kg
Höchstgeschwindigkeit		270 km/h	330 km/h

Baureihe		**Porsche 911 (997)**	**Porsche Cayman**
Baujahre		2004→	2005→
Modell		Cabriolet Carrera 4S 2006	Cayman S 2006
Motor	Konfiguration	6-Zylinder-Boxer, 24 Ventile, 2×DOHC	6-Zylinder-Boxer, 24 Ventile, 2×DOHC
	Hubraum	3824 cm³	3387 cm³
	Bohrung × Hub	99×82,8 mm	96×78 mm
	Kraftstoffversorgung	elektronische Einspritzung Bosch DME 7.8	elektronische Einspritzung Bosch Motronic DME
	Leistung	355 PS bei 6600/min	295 PS bei 6250/min
Getriebe		Tiptronic S, 5 Stufen, Allradantrieb, Viscokupplung	6-Gang
Chassis	Rahmen	selbsttragende Karosserie mit Hilfsrahmen	selbsttragende Karosserie mit Hilfsrahmen
	Aufhängung vorn	Querlenker, McPherson-Federbeine	Querlenker, McPherson-Federbeine
	Aufhängung hinten	Mehrlenkerachse, Schraubenfedern, Teleskopdämpfer	Querlenker, McPherson-Federbeine
Maße	Radstand	2350 mm	2415 mm
	Länge × Breite × Höhe	4427×1852×1300 mm	4340×1800×1305 mm
	Gewicht	1575 kg	1340 kg
Höchstgeschwindigkeit		280 km/h	275 km/h

Danksagung

Für Ihre Unterstützung des Gesamtprojekts durch Rat und Tat danke ich ganz herzlich folgenden Personen:
Porsche AG: Jasmin Anderson, Anke Brauns, Klaus Bischof, Michael Blaurock, Dieter Landenberger, Sebastian Missel, Andreas Schönhuber, Sabine Schröder, Jan-Christian Waschek; Uwe Biegner; Rolf Fassnacht; Ludwig Funk-Fritsch; Angie Jung; Oliver Schmidt, Thomas König, Stefan Behrend; Achim Kubiak; Patrick Rehs; Karsten Schreyer; Chuck A. Stoddard; Jens Torner

Für die Bereitstellung ihrer Fahrzeuge bedanke ich mich bei:
Tobias Aichele, Dieter Assmuth, Dr. Helmut Bartram, Jiri Burda, Gaby Christensen, Dr. Burkhard Dreyer, Karl-Heinz Förster, Joachim Fricke, George Gallion, Markus Grabenbauer, Jürgen Haitz, Jürgen Heidger, Peter Hoffmann, Reinhold Joest, Heinz Jung, Dr. Wolfgang Kiehne, Bernhard Kneer, Rolf Knigge, Wolfgang Köhler, Thomas König, Klaus-Bernd Kreuz, Michael Küke, Marc-Oliver Kuhse, Jörg Manthey, Willi Marewski, Dr. Werner Mössner, Arwed Otto, Jörg D. Patzenhauer, Peter Petersson, Rüdiger Peukert, Patrick Rehs, Sven Reuter, Hans-Peter Schazmann, Heinz Schmidt, Oliver Schmidt, Thomas Schmitz, Jens Schöll, Karsten Schreyer, Karl-Heinz Schröder, Ansgar Schwind, Christian Seewald, Chuck A. Stoddard, Michael Storck, Frank Troche, Thomas Voigt, Patrick Wagner, Harald Weber, Wilfried Wiesener, Ekkehard Zentgraf, Hans-Peter Ziegler

Außerdem danke ich:
Oliver Hessmann (Layout), Hartmut Lehbrink (Text), Stefano Luzzatto (Bildbearbeitung), Jochen von Osterroth (Zeichnungen); Walter Röhrl (Vorwort); Geschäftsleitungen und Fluglotsen der Flugplätze von Egelsbach, Michelstadt, Mainz-Finthen; Flughafen Siegerland, Luftfahrtverein Mainz.

Rainer W. Schlegelmilch

Rainer Schlegelmilchs dritter Porsche wurde ihm 1972 von Andreas Baader gestohlen. Das Foto zeigt den Fotografen bei der Rückerstattung durch das BKA.

Bibliographie

100 Jahre Porsche im Spiegel der Zeitgeschichte, Wolf Strache, Halwart Schrader, Stuttgart n.d.

Augenblicke, 1948–1998, das offizielle Porsche-Jubiläumsbuch, Peter Vann, Reutlingen 1998

Auto.Biographie, Ferdinand Piëch, München/Zürich 2004

Catalogue Raisonné Porsche 1947–1993, Stefano Pasini, Mailand 1993

Faszination 356, Eine Typologie des Porsche 356, Achim Kubiak, Bielefeld 2002

Das große Porsche-911-Buch, Alexander Knoll, Königswinter 2002

Das große Buch der Porsche Typen, Jürgen Barth, Gustav Büsing, Stuttgart 2005

Illustrated Porsche Buyer's Guide, Dean Batchelor, Osceola, 1982

Mein Leben, Ferry Porsche mit Günther Molter, Stuttgart 2002

Porsche – der Weg eines Zeitalters, Herbert A. Quint, Stuttgart 1951

Porsche – Geschichte und Technik der Renn- und Sportwagen, Karl Ludvigsen, München 1980

Porsche 356 1948–1965, Walter Zeichner, Stuttgart 1998

Porsche 356, Alle Coupés, Cabriolets, Roadster und Speedster von 1950–1965, Laurence Meredith, Königswinter 1999

Die Porsche 911 Story, Paul Frère, Stuttgart 2002

Porsche 924–944–968, Die technische Dokumentation der Transaxle-Modelle, Jörg Austen, Stuttgart 2003

Porsche und die Schweiz, 50 Jahre Porsche-Import durch die AMAG 1951–2001, Schinznach-Bad 2001

Das Porsche Calendarium 1931–2006, Anton Hunger, Dieter Landenberger, München/Zürich 2006

Projekt 928, Die Entwicklungsgeschichte des Porsche 928 von der Entwurfsskizze bis zur Serienreife, Julius Weitmann, Rico Steinemann, Stuttgart 1977

Christophorus

auto motor und sport

Autosport, 1967–2007

Motor Revue

Katalog der Automobil Revue, 1952–2006

© Tandem Verlag GmbH, Birkenstraße 10, D-14469 Potsdam
Sonderausgabe

Originaltitel: *Porsche*

Fotografien: Rainer W. Schlegelmilch
Text: Hartmut Lehbrink
Zeichnungen: Jochen von Osterroth
Reproduktion: Schlegelmilch Photography
Bildbearbeitung: Stefano Luzzatto
Layout, Covergestaltung und Typografie: Oliver Hessmann

Gesamtherstellung: Tandem Verlag GmbH, Potsdam

ISBN 978-3-8331-9939-4